國父們

被遺忘的中國近代史。

金哲毅——著

推薦序

突破課本框架的歷史

東吳大學歷史系教授兼系主任／**林慈淑**

這是一本非常好讀好看的故事／歷史書。我在閱讀過程中，幾番忍俊不禁，哈哈大笑。能把晚清至民國這段錯綜複雜、學生避之唯恐不及的過去，用這麼輕鬆又清晰、犀利又有趣的方式呈現出來，非常不容易。作者金老師說故事談歷史的能力，確有過人之處。

如作者所說，我們中學的歷史教科書字少冊薄，這不但沒有減輕學生閱讀的負擔，反而因過度濃縮，歷史變成了乾枯無味的大事記。學生無能從中讀到過往的豐富曲折，看不到時人的憂懷愛恨以及彼此的碰撞與糾葛，更無法因此體會曾經活蹦亂跳的人物對今天的我們有什麼價值和啟示。「歷史」沒血沒肉，無色無味，多數學生不愛讀（更應該說討厭），早已不是什麼新鮮事。但金老師的說講卻讓宋教仁、孫文、秋瑾、陳炯明……等這些名字成了有血有淚的人，也讓歷史活了起來。

最重要的，在全書幽默風趣的字句間，金老師不斷提醒大家：我們記憶所及，我們所知所記，是被建構的、甚至可能是扭曲的過去。在學習歷史的過程中，必須保持高度警覺，多思考、多參考。對年輕學子而言，這本書的價值不在提供一個絕對的、最後的解釋，而是說出一些課本所沒有說的故事，讓大家有機會重新衡量心中既有的那個歷史圖像，甚至進一步去探索更多有待訪查的過去。

本書作者金老師是我的學生。在他自嘲如「黑道大哥」的粗獷外表下，其實有顆冷靜深思的頭腦和細密敏銳的心靈。身為老師，我早已知道他討論歷史深刻有見地，但從不知道他這麼會說故事。在這點上，我反倒要以他為師，以他為榮。當然，更期望他日後能再接再厲，用他的才華，為歷史普及多盡些力。也希望讀者和我一樣，打開這本歷史，享受欣賞一下金老師說的中國近代那些事兒。

推薦序

在造神與毀神之外

「故事：寫給所有人的歷史」主編／**涂豐恩**

金老師是位一夕成名的寫作者。二〇一三年年底，金老師在自己的臉書上，發表了一篇關於〈克強是誰？〉的隨筆——也就是本書的第一章——突然之間大為轟動，幾天之內就被分享了上萬次，引起廣泛的注目。

這是個我們已經習以為常的故事。網路與臉書的年代，只要時機對了、運氣到了，人人都有機會「爆紅」，不論是因為一篇文章、一張照片，或甚至只是一句話。

但金老師不只是個一夕成名的寫作者。他所倚靠的不是時機和運氣，而是對於歷史知識的熱情與耐心。〈克強是誰？〉一文，不過是他說故事的起點，在那之後，他持續不輟地耕耘寫作，以「國父們的故事」為主題，定期發表系列作品，並因此在網路上逐漸累積出了一群忠實讀者。

二〇一四年十一月，我透過臉書聯繫上了老師，邀請他加入「故事：寫給所有人的歷史」寫作行列，金老師的回覆客氣，但是一口答應。他將過去發表過的稿件重新整理、修訂，以兩週一次的頻率，固定在網站上發表。

從那時候開始，他的專欄一再引起討論，積極分享者有之、熱情讚揚者有之，但偶爾也會出現激烈的批評，甚至是抗議。這些反應，其實都不讓人意外。金老師筆下寫的是民國初年的各色人物，這本來就是個十分敏感的議題，在台灣當下的政治氛圍尤其如此。過去很長一段時間，我們接受的是黨國所製造出的神話；後來有段時間，我們則目睹著另一群人激烈地要將神壇倒壞，將神像徹底摧毀。

但造神與毀神，似乎都不是金老師的心意之所在。他最感興趣的，應該是如何寫出歷史中的「人」——這件事絕不容易。他對筆下人物的情感，在在躍然紙上；他不隱瞞自己的好惡與褒貶，但也不以自己的觀點為絕對。

以人物為中心，或許也是金老師的作品引人入勝之處。我們的歷史教科書中，很少著墨於個別人物，但人物的生平，其實最能引起讀者的好奇與共鳴。

也許是在中學第一線教書的經驗，金老師擅於抓住讀者的注意力，掌握情節的高潮迭起。他講起故事來，有點說書的味道，又能在適當的時候補充資訊，帶入重要的歷史背景。

金老師以「國父們的故事」為題，不免讓人想起美國歷史上的「國父們」（Founding Fathers），也就是當年帶領美國獨立建國的元勳，包括華盛頓（George

Washington）、富蘭克林（Benjamin Franklin）、傑佛遜（Thomas Jefferson）、約翰・亞當斯（John Adams）等人。

在美國的書市中，這群國父們的故事，是個永遠吸引人的主題。但自美國獨立以來兩百多年，關於他們的評價早已翻過了好幾圈。曾經他們也是神聖不可侵犯、充滿著各種傳奇與光環；而今在一代又一代歷史學者的努力下，這些歷史人物的容貌，也變得越來越複雜和多面。他們既偉大又卑微，他們既合作也分裂；他們不只會征戰沙場，縱橫政壇，他們也有家庭生活與七情六慾。

這樣豐富的主題，成就了許多知名的大眾歷史作家，如Joseph Ellis、Walter Isaacson、David McCullough、Jon Meacham，筆下的作品總是既叫好也叫座，這大概是因為國父們的故事，不但能映照出人性，更能折射出時代。

不只是一般人對於國父們充滿興趣，學者們也從未遺忘過他們，在美國獨立兩百多年後的今天，相關的研究著作仍然不斷推陳出新，如著名的美國史學者Jill Lepore不直接研究富蘭克林，而是從他不知名的妹妹珍・富蘭克林（Jane Franklin）下手，寫出同一個時代兩個截然不同的生命際遇。另一位學者Annette Gordon-Reed，研究傑佛遜家中的女奴隸海明斯（Sally Hemings），指出後者為傑佛遜懷胎生子，卻因為她的非白人的種族身分，始終不被美國承認，揭開美國歷史內部深刻的種族問題。還有一位研究者Mary Beth Norton則說，有了國父，怎麼能不也談談國母（Founding Mothers）呢？她因此從性別的角度，重新解讀了美國獨立革命年代的社會面貌。

這樣看來，國父們（還有國母們）的故事，顯然是怎麼也說不盡的。他們所經歷的，那既是一個時代的結束，又是一個新時代的起始，看似混亂卻又充滿生機，充滿對於未來的憧憬與希望。

無論如何，革命傳奇永遠會激動人心，圍繞著他們的爭議，也永遠不會止息。而今我們已經不再有政治緊箍咒，指導著歷史應該怎麼寫，我們因此更會期待金老師，還有更多與他一樣的寫作者，能夠努力揮灑，繼續把故事講下去。

推薦序

走出忠烈祠的「國父」們

「故事：寫給所有人的歷史」共同創辦人／**謝金魚**

對許多人而言，「烈士」就是放在忠烈祠的牌位。

我自幼住在忠烈祠附近，即便現在已經開放平日參觀，卻幾乎不曾看到人們進去，除了官方的祭祀日之外，忠烈祠裡冷冷清清。

記得小時候，長輩們會告誡孩子們千萬不要進去忠烈祠，說那裡「煞氣重、怨氣深」，對此，我只是覺得奇怪，既然是這麼不吉利的地方，又為何要大張旗鼓地祭祀？同時，這些長輩們也告訴一些要去當兵的青年說，若是在軍中遇鬼，要記得青天白日的國徽有避邪的效果，因為那是「革命烈士」們正氣凝聚之所在、百邪退避。

這兩種說法並存卻又矛盾，那麼，「烈士」們死後凝結而成的，是煞氣、怨氣還是正氣？他們究竟做了什麼而被送入忠烈祠？

這些是我們從課本中很難看得清楚的，這些黨國體制下的讀物，剝離了他們的各種掙扎，像標本一般，把這些人物的死亡描繪成一幅又一幅的〈國殤〉，以兩千年前楚國人塑造英雄的模式，歌頌著「誠既勇兮又以武，終剛強兮不可凌，身既死兮魂以靈，子魂魄兮為鬼雄」。因此，他們既是充滿正氣的英雄、亦是怨氣難消的厲鬼，卻始終不是真實的人。

中華民國的建國之路並不順遂，在過去尊奉孫文的政治宣傳下，其他參與革命的人既不被重視、也很少被提起，好像孫文有無數分身、無役不與，即使到現在，還是會有人說「國父革命十一次才成功」。事實上，孫文更像是一個倡議者與精神領袖，實際上的革命並不由他主導。而受他影響的人們，也都各有打算，他們既有妻子兒女、也要煩惱生活，每一場革命的主事者，都有他們各自的背景與思想脈絡，他們的死亡，有時也不慷慨激昂。

但是，那才更貼近事實、更呈現人性，真正地賦予這些被孫文光芒掩蓋的人們一個公正的評價。革命不是請客吃飯、革命也不光彩高尚，革命是絕望而失落的人民，對現實的反抗與對未來的期望，而金老師的書，娓娓地說明了他們的無奈與掙扎，而那些看來很像黑色喜劇的荒謬場景，也恰恰反映著帝國崩壞之際的氛圍。

「故事：寫給所有人的歷史」自二〇一四年創站以來，金老師生動而鮮活的文章，可說是我們最重要的招牌之一。我想，那是因為在他的文章中，總能讀到他對於那些清末革命志士們的憐憫與同理心。

或許，這才是歷史真正要傳遞的訊息。

目錄

前言

說的是故事，講的是歷史

從小，我就喜歡歷史。

歷史故事書裡面精采生動的情節讓我十分著迷，讀了一本又一本，甚至連我爸爸都忍不住說話了：「你一天到晚就只看歷史故事，飯都不好好吃啦！」

開始上學後，常常聽到同學說：「歷史好難，都背不起來，好無聊喔！」總覺得不可思議：「歷史就是看故事啊！一點都不無聊，而且很好記嘛。」可是當我翻開課本，就覺得大失所望，因為……那些精采的情節沒有寫進去，讀起來挺無聊的。而歷史老師在課堂上的授課方式通常有兩種，一種是很認真地整理課文內容，照本宣科；另一種喜歡補充課外知識，宛如說書。那些認真劃重點的老師往往能幫助大部分同學提升考試成績，而後一種老師能讓人享受課程的樂趣。

學生時代的我，有一段時間找不到自己的未來志向，當時有位宿金璽老師的歷史課常讓全班同學聽得津津有味，我心想：「成為這樣的人也不錯啊！」於是踏上了歷史系並兼修教育學程的道路。

上了大學才發現，過去的自己是多麼懵懂無知。

原本我以為歷史就是講好聽的故事，所以當別人問我：「那你除了講故事之外，還會什麼？」總是啞口無言。但等到真正接觸歷史學科的內涵，這才發現歷史的功用可大了！資料蒐集的能力，決定一則故事的廣度及深度；價值判斷，決定故事的走向及結局；獨立思考批判，決定了讓故事流於表面或是賦予再生的意義。

歷史不僅是故事，每一則故事背後其實都有可以被探索的歷史價值，只是這樣的價值，是要選擇往高深處鑽研，如同陽春白雪般曲高和寡？還是力求通俗，如同下里巴人般廣為流傳？個性粗枝大葉的我選擇傾向後者，期待自己用輕鬆的方式表達歷史的趣味，而中學課堂就成為我實踐的所在。當我在課堂上講述著一則又一則課本上沒有提到的歷史故事，看著學生們截然不同的反應，也激盪了我更多的想法。

謹以此書，呈現我教師生活的經歷，還有對歷史的理念。無論大家對書中的內容是贊同或批評，期待透過不同思考觀點激盪的過程中，體現「歷史」最大的意義。

第一章

克強是誰？

一切的一切，都是因為一堂意外的課程而開始。

那年，我是一個初出茅廬的歷史老師，經驗菜到還沒教過八年級下學期的歷史課。不過當時學校人手實在短缺，於是我也擔任部分九年級班級的科任老師。

九年級因為要面對會考，總有考不完的考卷需要由老師檢討。那天，有學生問了一個選擇題，其中一個選項跟「黃興」有關，為了解釋這個選項，於是我反問學生：「大家知道台灣最常見的路名叫什麼嗎？」

大部分學生你看我、我看你，露出「我哪知道」的表情，結果一位學生突然回答：「中正路！」

「答對了！加分！全台灣總共有多達一百八十一條的中正路來紀念蔣介石。」接著我又問：「大家知道台灣第二常見的路名叫什麼嗎？」

這時，學生很有默契地說：「中山路！」

我笑著說：「很好！紀念孫文的中山路，是台灣第二常見的路名，甚至連馬祖都有中山路。」

「中正路是紀念蔣中正，中山路是紀念孫中山，那大家知道『克強路』是紀念誰嗎？」如意料之中地，學生又擺出一副「我哪知道」的表情，我立刻說：「克強路是紀念一個人，他叫黃興！」

台下的學生先是一陣集體沉默，然後一個學生問我：「老師，黃興是誰啊？」另一個學生則說：「課本沒教過啊！」

在那一刻，我心中突然冒出一股無法抑制的衝動，脫口而出：「讓我來告訴你們黃興的故事！」

黃興，字克強，清末民初「著名的」革命家。

相信各位都知道，「國父」孫文在歷經十次革命失敗最終成功的故事。如果各位對歷史課本還有點印象，孫文最先成立的革命團體，名字叫「興中會」，之後又籌組了另一個革命組織「中國同盟會」。既然叫同盟會，就表示這是眾多會黨組織的聯合團體，同盟會中主要有三個勢力：興中會、華興會、光復會。興中會的會長是孫文，黃興則是華興會的會長。

黃興。

請各位猜猜看，興中會、華興會、光復會，哪一個黨派在同盟會的勢力最大呢？

答案是華興會！

在同盟會草創時期，包括孫文在內，興中會只有三名成員入會，與黃興有關係的會員則有七十二人之多！而同盟會成立的第一件大事，就是要先選出會長；各位想想，如果舉辦選舉，誰會當選呢？

想當然爾，如果真的進行投票，黃興絕對會勝選！但就在大家要進行投票時，黃興突然跳出來說：「各位！如果沒意見的話，我推舉孫先生成為我們的領導！」說完，還自己先拍起手來。

老大都這麼表態了，華興會眾人也只好跟著拍手支持，於是在幾乎無人支持的情況下，是黃興的力挺，將孫文推上了同盟會會長的領袖地位。

選完會長，接著是分配革命任務。孫文說：「我負責在國外鼓吹革命思想，讓海外同胞資助我們完成革命！」這話講得挺好聽，但說白了，就是孫文靠著嘴炮在國外演講募款撈錢。嘴炮之名，可不是我這個現代人胡亂冠上的稱號，事實上當年就有人給孫文取了一個外號：「孫大炮」，就是指他很會講，而且還很敢講。

黃興說：「那我負責指揮國內革命事務，期待孫先生的資金。」就這樣，黃興的烽火歲月開始了！在同盟會發動的八次革命中，黃興基本上都待在中國國內主持大局，並在「鎮南關起義」、「欽州起義」以及歷史課本提到的「廣州三二九黃花崗起義」親上火線奮戰。

尤其在黃花崗起義中，黃興更是親自率隊衝進廣州城奮戰，結果一顆流彈正中黃興的右手，當場打爛了他的食指以及中指！當時眾多成員勸黃興趕緊離開戰

（上）一八九〇年，中國同盟會成員攝於日本，前排右一是孫文，後排立於中央者，為孫文的日本友人，支持辛亥革命的宮崎滔天。

（下）一八九八年，興中會會長楊衢雲等人攝於日本。前排左起：安永東之助、楊衢雲、平山周、末永節、內田良平；後排左起：可兒長一、小山雄太郎、宮崎寅藏、孫中山、清藤幸七郎、大原義剛。

場，但黃興為了激勵士氣，竟然堅決用右手無名指扣扳機繼續作戰，直到起義失敗為止。

我先停下來問各位幾個問題：「是在國外募款容易？還是在中國作戰容易？是在國外募款安全？還是在中國作戰安全？」

這不是說孫文沒有付出，孫文靠著演講募集大量資金，才讓革命黨有錢買武器、搞宣傳、進行起義，所以孫文自有他獨特的貢獻。但相比黃興的出生入死，黃興負責的工作實在辛苦也危險許多。

所以當中華民國臨時政府成立，要選臨時總統時，有人如此說：「論才，當屬宋教仁；論德，當屬汪精衛；論功，當屬黃興！」

（這時突然有學生問：

「奇怪？怎麼孫文完全不在推薦名單？還有汪精衛是漢奸ㄟ，怎麼也被推舉了呢？」

如果有相同疑問的讀者，先別著急，請先記住這句臨時總統人選的評價，然後耐心讀下去，就會發現為何當時的人會喊出這個言論。）

這三人中，汪精衛在革命時期由於搞暗殺活動被清朝逮捕，此時還在牢裡蹲苦窯而無法參選；宋教仁是原華興會二當家，試問：「二當家豈能爭得過大當家？」所以誰最能當上臨時大總統？當然是黃興！

此時孫文還在國外趕不回來，黃興則在國內指揮軍隊作戰。當時各地革命人士要求：「立刻、馬上、現在！就要選出臨時總統來主持大局！」於是有人說：「克強！就你了！你最有資格領導咱們！」黃興卻說：「在孫先生回來前，我不會當這大總統，我只支持一人當總統，孫文。」（我抓破腦袋也想不出來，黃興怎會如此力挺孫文啊？）

孫文回國後當上了臨時總統，不過沒過多久，實力強大的袁世凱出現，他不但接替了臨時總統的寶座，之後更與革命勢力、也就是從同盟會改組而成的國民黨發生衝突。

面對變局，孫文發飆了！他立馬拍桌說道：「各地國民黨軍隊立刻起來發動二次革命，推翻袁世凱！」

黃興反對，他如此說道：「你不滿袁世凱，可以推翻他，但應該用一種方式……法律！因為今天你看袁世凱不爽，用武力推翻他；明天別人看你不爽，一樣能用武力推翻你。如果不用法治的力量推翻袁世凱，那我們的共和還有什麼意義？如果今天我們用武力推翻袁世凱，那以後的人又會怎麼做？」

黃興的預言成真了，自民國五年到民國十七年，中國陷入軍閥混戰，不就是「你用武力推翻我、我用武力反對你」的結果嗎？那是誰開的頭呢？這正是孫文發動二次革命所造成的不良影響吶！

（上）一九〇五年，華興會部分領導人攝於日本東京。前排左起：黃興，未知，胡瑛，宋教仁，柳揚谷；後排左起：章士釗，未知，程家檉，劉揆一。
（下）一九〇五年，黃興與民報社同仁攝於日本東京。前排左起：程家檉，未知，黃興，陳天華，章士釗；後排左起：宋教仁，柳揚谷，未知。

以上，就是我上課講的內容。學生都睜大眼睛地看著我，然後有人問：「天啊！為什麼我們都不知道這些？」

是啊，為何學生會不知道這些、教科書也不提這些事呢？因為有人試圖透過教科書來抹、殺、歷、史！

還記得我前面提到的臨時大總統三個人選吧？

黃興，目前在國中歷史課本已經消失了。

宋教仁，他唯一的出場時刻就是被刺殺身亡。但大家可知道一件事情？民國初年的國民黨最高負責人並不是孫中山，而是宋教仁。因為宋教仁政治才華非常高，又是華興會二當家，深獲革命黨眾人支持。問題是：歷史課本或相關國民教育為何都沒特別著墨這部分呢？

汪精衛，這位現今只以漢奸身分在教科書中出現的人物，各位知道他當年的地位嗎？他可是孫文理想的接班人！因為汪精衛是國民黨左翼思想的領袖，而孫文晚年思想左傾，所以汪精衛最受孫文賞識。孫文死後，汪精衛更領導國民黨左派十多年，在黨內的地位就算排不上第一，也能維持前三名的實力。為何他唯一在歷史課本登場的機會卻只有他跟日本人合作成立傀儡政權呢？

在表達個人的見解前，我想再問一次：「大家知道台灣最常見的路名叫什麼

嗎？」答案是中正路。

事情是這樣的，有位姓蔣的小朋友（興趣是翹課跑去看魚逆流向上），一直很想當孫先生的接班人，可他從來不是孫先生的接班人選。而且孫先生其實生前地位也並非特別崇高，那該怎麼辦呢？

幸好，等到蔣小朋友長大時，知道孫先生真相的人，以及那些孫先生的接班人已經死得差不多了。他這時候可以做一件事情……假造真相！

假造的方式有兩個：

一、把可以跟孫先生相提並論的人抹殺掉，然後把那些人的功勞集中到孫先生身上，塑造孫先生光輝的形象。

二、營造自己是孫先生接班人的光榮情景，所以他要想辦法汙衊那些真正的接班人。

所以他試圖高價收購孫文早期當別人下屬的照片，甚至把孫文與他跟眾人的合照，特地用一些手法或技術，變成 只有他跟孫文的「親密合照」。

好了，我就直接戳破吧！是誰把中華民國開國英雄們的歷史給抹殺的？正是為了獨尊特定領袖的國民政府本身啊！加上十幾年來，歷屆政府一直強調教改，說要減輕學生的負擔，所以不斷改變課綱、精簡教科書內容，讓課本越變越薄；黃興，竟從今天的歷史課本上消失，以至於不被後人紀念……

看得出來，學生們都很震撼，最後紛紛說：「我們很喜歡這一段開國往事。」所以下課後，我懷著興奮的心情，暗自對著天空說：「黃興，我今天讓你的名字有機會被後人紀念！」

我彷彿看到黃興那張渾圓的胖臉出現在眼前。如果他真的出現了，可能會說：「死後留名，那重要嗎？」或者他會多問一句：「我們理想中的共和，我們理想中的國度，現在成功了嗎？」

我想，昔日的黃克強可以謝絕眾多名利，現在應該也不會在意後人對他的紀念。而面對眾多昔日英雄，他們對於新國家的盼望、他們的理想，我很想問一句：「身為後人的我們，能說現在成功了嗎？」

如果黃興出現了，他或許會問：「我們理想中的國度，現在成功了嗎？」（金老ㄕ）

或許這段歷史不能幫助學生應付考試、無助於改變現在的教育體制，不過……正如《航海王》中的羅賓堅持尋找「真正的歷史本文」，我不也是為了昔日研讀歷史所感受到的熱情而投入教師這個行業，甚至花了許多額外的時間講述我心目中的歷史嗎？

「既然已經有了開頭，索性就做到底！」懷著這樣的念頭，我決定寫下這段清末民初的往事，紀念那些如今不被紀念的英雄；以及追尋創建民國的「國父們」，他們在驚濤駭浪的大時代中努力奮鬥的故事！

第二章

民初第一智謀者。——宋教仁

宋教仁

教育，是隨著時代改變的，我讀書的時候只有一種教科書，那就是「國立編譯館」編的課本！由於當時只有一種課本，而且使用時期頗長，所以對一些經典的課文，比如「天這麼黑，風這麼大，爸爸捕魚去，為什麼還不回家？」不同年代的學生卻有著共同的學習回憶。

不過礙於戒嚴年代的思想背景，國編版課本也會出現「某偉人從小（翹課）去看魚兒逆流向上」的故事，因此有人批評：「國立編譯館的歷史課本，完全是黨國體制下的精神催眠產物。」

關於上述批評，我同意。畢竟對任何一個政府來說，「歷史」往往是被刻意編改的宣傳工具，何況國立編譯館教科書的確受昔日政府頗多干涉。不過國編版有個優點，讓我給予它高度肯定，那就是課文厚實度。

對比篇幅一百多頁的國編版課本，現在篇幅只有六十多頁的教科書，不管是圖片的豐富度還是文字的充實程度，以前的國編版當真「完勝」現在的教科書。

而現在篇幅縮減嚴重的課本，為了精簡內容，只好刪減許多專有名詞。它具體表現在中國史上學期課本，幾乎只剩下以下幾種人的名字：

一、開國皇帝的名字，像朱元璋、趙匡胤等人。

二、亡國皇帝的名字。（還不是每個亡國皇帝都出現，例如唐朝和元朝的末代皇帝就被神隱了！）

三、比較有名皇帝的名字，比如：康熙、雍正、乾隆。可我很想吐槽課本的編輯：「怎麼沒把清朝開國皇帝——皇太極的名字寫上去啊！」

各位或許會問：「除了皇帝，難道沒有其他人名了嗎？」其實還是有的，某些歷史上的人物，憑著卓越的事蹟，在課本留下一席之地。比如說：明朝的大政治家——張居正！但很可惜的是，課本除了提到他創立「一條鞭法」外，對他的生平事蹟或是對一條鞭法本身都沒有更進一步的介紹。於是這位影響明清政治經濟極深的超級猛人，在學生心中，淪落為頂多只會被出到一則考題的打醬油腳色。

但還是有些歷史名人，學生在還沒上課前，就已經對他們的事蹟瞭若指掌。最好的代表就是：諸葛亮！

說起諸葛亮的智謀者地位，那是無庸置疑的清晰。因為後世有無數多的粉絲，不斷尊崇或是美化他智慧超群的形象。包括唐朝杜甫為他寫詩無數，還有羅貫中在《三國演義》描寫的神鬼莫測，以及日本遊戲界給予他老人家的超高能力數值及開外掛般的特殊能力，真讓我感嘆：「孔明，你就算死，也死得夠本了！」

到了下學期的中國現代史，大量人名的出現，往往讓學生口吐白沫。尤其是民國初年，那一海票的政治家或軍事家，例如：張作霖、段祺瑞、曹錕、袁世凱、宋教仁……就讓不少學生抱怨：「老師！這麼多人怎麼記得住？」

好吧！為了讓學生能勉強記住一些人的重要事蹟，最簡單的方法，就是按照課本的敘述，盡力簡化這些人的作為。所以，在學生以考試導向的認知中，這些人的角色定位應該是：

張作霖 → 被炸死的軍閥
段祺瑞 → 引起護法運動的軍閥
曹　錕 → 只會賄選的軍閥
袁世凱 → 開啟萬惡軍閥時代還被氣死的短命皇帝
宋教仁 → 被上面那位暗殺的打醬油腳色

這就是現在歷史教育的問題！

課本給予眾多人名之際，卻沒有給老師足夠的授課時間去講解他們的存在。為了顧及教學進度，以上這些英雄豪傑就被概略化，甚至是被忽視。尤其是宋教仁，這位在歷史課本只登場過一次的角色，其實是真正影響清末革命的關鍵人物！沒有他，革命無法成功！失去他，民國的政治完全改觀！接下來就來為各位介紹，足以和諸葛亮相提並論的「民初第一智謀者」——宋教仁！

革命時期的戰略籌畫者

宋教仁，字鈍初（或是遁初、遯初），外號漁父；自小天賦聰穎過人，一九〇一年當上秀才、一九〇二報考美國聖公會文華書院，錄取分數第一名，可謂真正的學貫中西！而在一九〇三年的某一天，宋教仁遇到了黃興，兩人一拍即合、結為摯友，並在兩年後創立一個革命組織——華興會（黃興是會長、宋教仁是副會長）。

與諸葛亮相提並論的智謀者——宋教仁。

可是華興會的革命並不順利，策畫的兩次起義都是還沒實施就被清朝破獲，為了逃避清朝的追捕，黃興、宋教仁遠走日本。然後過了一段時間後，黃興突然對宋教仁說：「我在日本認識一個人，這人不但革命的時間比我們早，而且你聽到他的言論後，一定會被他淵博的學識震撼！我帶你去見他吧！」黃興說的這個人，叫做孫文。他們在之後一起成立了革命團體「同盟會」，這一年，孫文三十九歲，黃興三十一歲，宋教仁只有二十三歲。

同盟會剛成立時，立刻面對一個很實際、但一直沒能定案的問題：「要在哪裡搞革命？」此時宋教仁立馬發表整理了「革命三大戰略」，分別是：

【戰略一】首都革命，就是直接在北京城發動起義。

優點：擒賊先擒王！首都一被占領，整個革命瞬間成功！

缺點：敢在慈禧老佛爺底下鬧革命，你還要不要命啊？

簡單來說，利潤高，風險也很高。

【戰略二】中區革命，在長江中下游重要城市發動起義。

優點：重要城市的宣傳度很高，占領成功後，可以號召其他地區一起跟進。

缺點：雖然防守沒有首都嚴密，但還是有正規軍隊隨時戒備。

簡單來說，風險程度中等，算是穩進型策略。

【戰略三】邊區革命，在中國沿海的偏僻地區發動起義。
優點：由於偏僻，所以軍隊防備很爛，很容易成功。
缺點：就算真的打下一小塊地區，由於太偏僻，無法吸引他人注意，進行響應。
簡單來說，就是打游擊戰，折騰清朝。

如果是你，會想要採取什麼策略呢？

提完三大戰略，宋教仁興匆匆地說：「我認為戰略二比較好，只要我們能成功堅守個幾天……」此時孫文卻說：「我倒覺得戰略三才是最好的策略。」宋教仁問：「孫先生可以告訴我們原因嗎？」孫文的理由是：「因為沿海地區，比較容易偷渡武器、方便接應啊！」

聽到這話，我怎麼覺得孫文像個海賊或是毒梟？雖然搞革命在當年本就是見不得光的事情，但這種思維也實在是太江湖豪傑了吧？

當宋教仁想要堅持己見時，黃興卻說：「唉！孫先生是有經驗的人（孫文的興中會曾經發動惠州起義跟清朝尬過一場），我們就聽孫先生的吧！」

老朋友都這麼說，宋教仁只能沉默表達支持，於是三人開始分配職務。

雖被後人稱為「同盟會三大首領」之一，但比起孫文高談闊論的嘴炮功力、

黃興出生入死的熱血，宋教仁給人的感覺卻很低調，因為他的工作是：聯絡各地同志搞地下工作。而這段時間，宋教仁眼睜睜看著同盟會發動多次的邊區革命，結果是全、部、失、敗！

於是他再次向孫黃二人建議：「我們要不要試試看戰略二？換個方式也不錯吧？」孫文回答：「再試一次邊區革命！這一次我們在廣州將投入同盟會所有的力量，一定會成功的！」黃興則說：「這一次我將親自參與，我們一定會成功的！」

宋教仁無言了……於是他再度沉默，並且開始在日本進行一些聯絡工作。

孫文的這一次革命，叫做「廣州三二九黃花崗起義」，相信對歷史課本還有印象的人，都知道這次起義結局是：失敗！而且大部分的同盟會菁英，皆亡於此役！在這之後孫文變得很低調，黃興則跑到國外養傷去了。

當同盟會兩大領袖都沒有動靜時，宋教仁則在上海成立了「同盟會中部總會」。一直低調的智謀者出手了！他決定獨立策畫一次起義！

原來早在宋教仁居住日本期間，他就一直積極地和留日的中國學生聯絡；這票留學生，有些受到宋教仁的鼓舞加入了同盟會，有些回到中國後進入一個地方工作，那就是清朝的現代化正規部隊——新軍！這些留日的新軍，或多或少受到革命主義的影響，於是自行成立了一些讀書會，並和革命黨有著若有似無的牽連。

於是宋教仁開始運用以往建立的關係，逐漸和這些新軍團體搭上線，讓一些

清朝的現代化正規部隊——新軍。

團體發出聲明：「只要宋先生有起義計畫，我們願意配合執行。」而在一九一一年十月，大量的湖北軍隊調入四川鎮壓當地的保路運動，剩下留守武昌的部隊，正好就是和宋教仁聯絡的讀書團體。

宋教仁知道是時候了！他決定就在十月十六日，讓武昌的新軍發動起義，然後號召同盟會的幹部迅速接應！

但出乎意料之外的是，十月十日，因為一起士兵間的口角衝突，竟然促使武昌新軍譁變，提早發難舉事，也就是著名的「武昌起義」。結果新軍成功地占領武昌城，並且成功挺住了清朝的反撲，並在起義後短短四十一天內，就在全國引發連鎖效應，讓十五個省宣佈脫離清朝獨立！

雖然過程有點瑕疵，但宋教仁在戰略規劃上堅持較有效的中區革命，又花了兩年多的時間進行從日本到上海、再到武昌的聯絡及籌備工作，並在武昌起義後率先領導同盟會幹部加入戰局。可見「沒有宋教仁，沒有武昌革命」，這也是為何我稱呼宋教仁是「民初第一智謀者」。

建國時期的政治指導家

雖然起義成功，可清朝在關鍵時刻決定派出他們最強的實力派官員袁世凱鎮壓革命，他的北洋軍一下子就把武昌打得即將破城。幸好，老袁是個野心家，他眼看清朝就要完蛋，於是開始施展兩手策略；一方面跟清朝要錢要糧好壓制革命行動，一方面卻又不聽清朝號令，跟革命黨展開協商。他表示：「如果要我支持革命，那我就要民國大總統的寶座！」

這時要稍微幫老袁澄清一下，他是很邪惡，卻也非常有能力及改革手段，使西方列強認定，只有袁世凱能穩定中國（孫文成立的民國臨時政府一直沒獲得西方承認，袁世凱一當上總統，各國立馬發電報承認民國的地位，表達支持）。尤其他的軍事實力，更讓清朝及革命黨雙方都意識到：這人惹不起！

所以袁世凱當大總統是遲早的事了。不過，就在黃興仍在戰場上奮鬥、孫文正在和袁世凱談條件之際，宋教仁則在跟一群人修法律。

要說修法律這事可難不倒宋老兄，他在日本不只是搞革命，還順便去法政大學、早稻田大學學習，當真是「讀書不忘救國，救國不忘讀書」！而這部被修出來的法律，叫做《臨時約法》，其中最重要的內容就是：中華民國以後要走「內閣制」。

智謀者又出手了！而且是一記絕殺！根據《臨時約法》，從此內閣總理掌管國家大權，至於大總統只是擺設，基本上只能等著領薪水然後洗洗睡了。更絕的是：袁世凱即將當總統前，宋教仁就在議會中通過《臨時約法》的正當性。所以等到袁世凱當上總統後，才發現，一、切、已、經、變、樣、了！搞得老袁當場咆哮：「革命黨不是個東西！」而且老袁覺得自己彷彿被宋教仁賞了一巴掌！

但老袁總不好直接用武力撕破臉，這樣會受到各方勢力圍剿，雖然未必會輸，但十分麻煩。於是只好退而求其次，組織一個親近袁世凱的政黨——進步黨，希望能夠贏得大選、主導國會，這樣他就能掌握國會，甚至想辦法把法律重新修改成總統制，好取回權力。

為了讓進步黨獲勝，老袁還找了一位超級名人來擔任進步黨黨主席助陣，並

宋教仁，袁世凱最害怕的對手。

團結清末的立憲派人士，準備選戰。那人就是大名鼎鼎的飲冰室主人——梁啟超！

此時，宋教仁也把同盟會改組成國民黨，並擔任代理理事長，準備迎戰。

梁啟超ＶＳ宋教仁、進步黨ＶＳ國民黨，最終結果是國民黨獲勝！贏得國會四十五%的議員席次，成為第一大黨！讓老袁感覺自己又被宋教仁賞了一巴掌！

這時有人說：「就算國民黨是國會第一大黨，但席次只有四十五%，並不占多數。反觀進步黨以及兩黨外人士幾乎都親近袁世凱，所以國民黨其實在國會算是弱勢。」

的確，從數據來看，國民黨沒占上風，甚至國民黨中不少黨員也加入進步黨（民國初年，加入多個政黨很正常，甚至還有人加入十多個政黨的紀錄）。不過各位有沒有注意到，我前面提到宋教仁是跟「一群人」制定出《臨時約法》，除了原本的革命黨同志外，還有一個人也參與其中，叫做湯化龍。

各位不知道這人很正常，我也是查了一下資料才知道這人的身分，他是進步黨的實質二當家！

也就是說，宋教仁已經滲入進步黨的內部取得支持，是國會兩大黨皆認同的聲望第一人！所以就算進步黨不甩他，和其他政黨一起團結反對國民黨，反對的也只是黨，而不是《臨時約法》（因為進步黨也參與了修法）。袁世凱這大總統仍然被架空！宋教仁又賞了老袁第三個巴掌！

從選戰、拉樁腳、甚至是搞法律，這一切全在宋教仁的掌握之中，而且面面俱到，難怪老袁會說：「我不怕孫文，最怕宋教仁！」

令人扼腕的暗殺事件

當時三十歲出頭的宋教仁即將擔任總理，獲得執政大權。但早在國民黨獲勝時，已經有革命派人士譚人鳳告誡宋教仁：「內閣制現在實施的條件還不夠，你最好不要太招搖。」偏偏宋教仁對內閣制表現得非常積極，畢竟內閣制是他的夢想，革命已經成功大勢底定，而且他終於有機會不受孫文、袁世凱限制，得以一展長才！此時的智謀者鬆懈了，他或許忘了《史記》有言：「智者千慮，必有一失；愚者千慮，必有一得。」更重要的是，有些人不跟你講道理，而是直接幹掉你！

一九一三年三月二十日晚上十點多，宋教仁準備從上海火車站出發前往北京，他站在火車上，與前來送行的黃興、于右任、廖仲愷等革命黨人士握手話別。或許宋教仁心想：「此去北京，定能實踐我們長久以來建設新中國的夢想！」豈料……

嘣！一發子彈從宋教仁背後射入！

短暫的錯愕後，宋教仁只覺得背後一陣劇痛，他看著眼前驚慌的眾人正急著攙扶自己，摯友黃興則露出不可置信的神

宋教仁遇刺身亡。

情，並大喊：「快點保護遯初！趕快去追兇手啊！」

劇痛不斷蔓延，從後背擴展至前胸，宋教仁終於支撐不住，倒了下去！他下意識地抓住距離最近的于右任，掙扎地說：「吾痛甚，殆將不起……（我好痛，恐怕不行了！）」即便馬上被送入醫院，但到了三月二十三日，國民黨代理理事長——宋教仁依舊傷重不治，得年三十一歲。

宋教仁被刺殺了！就在他即將邁入人生頂峰的時刻殞落！究竟是誰殺了他？

為了避免模糊焦點，我無意在此為各位分析是誰殺死宋教仁，只能簡單告訴各位：「不一定是袁世凱！」

如果宋教仁沒死，他的政治才華能不能進一步影響中國？

如果宋教仁沒死，他的事蹟應該不會就此被埋沒？

如果宋教仁沒死，二次革命不發生，之後的軍閥時代又會如何呢？

可惜，說一句很沒情調的話：「歷史是沒有如果的。」我只知道，孫文成為了國父，而黃興還有克強路留念（甚至還有人把他的事蹟畫成了漫畫），可是宋教仁的智謀者形象卻被掩蓋了。除了他在上海的墳墓，幾乎沒能在人們心中留下印象……

我在調閱資料時，看到一張宋教仁的遺體照。照片中他穿戴整齊，表情還算安詳，但我想，直至死前，他都是不甘心的！尤其後來我還找到他臨死前發給臨時總統袁世凱的電報。

電報內容為：

北京袁大總統鑒：仁本夜乘滬寧車赴京敬謁鈞座，十時四十五分在車站突被奸人自背後施槍，彈由腰上部入腹下部，勢必至死。竊思仁自受教以來，即束身自愛，雖寡過之未獲，從未結怨於私人。清政不良，起任改革，亦重人道，守公理，不敢有一毫權利之見存。今國本未固，民福不增，遽爾撒手，死有餘恨。伏冀大總統開誠心佈公道，竭力保障民權，俾國家得確定不拔之憲法，則雖死之日，猶生之年。臨死哀言，尚祈鑒納。宋教仁。

（電文翻譯）

袁大總統：我宋教仁本來要搭由上海開往北京的火車見您，但在晚上十點四十五分竟遭奸人從背後開槍暗殺。子彈從腰部上面進入到腹部下方，看來我是死定了。自從我受教育懂事起，就修身自愛，雖然不能說從來沒有做錯事，但是從未和人結過私人恩怨。當滿清政府腐敗，我投入革命，也注重為人處世的道理，謹守公理，不敢有任何私心及偏見。今天國家尚未穩固，也未能為更多民眾謀求福祉，就突然要離開人世，我死了也不甘心啊！希望大總統您未來能誠心真意地秉公辦事，全力來保障民權，為國家確立一部堅固不拔的憲法。那我雖死，卻如同活著。這是我死前最後的衷心之言了，還希望大總統能夠接納。宋教仁。

他生前的夢想因早逝未能實踐，死後則少有人留念。不只宋教仁本人死有餘恨，身為後人的我對這位催生民國的智謀者「壯志未酬身先死」也深感遺憾……前有杜甫有詩嘆諸葛亮：「出師未捷身先死，常使英雄淚滿襟。」今有老ㄕ改詩感嘆宋教仁：「出師已捷身卻死，徒留後人空唏噓……」

哀哉，遯初！惜哉，遯初！痛哉，遯初！

第二章

革命要靠孫大炮。

不知各位是否有這樣的經驗？

在喜氣洋洋的新年，家中長輩會兌換紅色且嶄新的「孫文百鈔」並塞滿在給小朋友的紅包袋裡，或是收到塞進一枚光亮的孫文一元硬幣，代表「一元復始，萬象更新」的祝福。

在大家回憶新年的同時，不妨拿起你手邊的「孫文一元硬幣」以及最常見的「蔣介石十元硬幣」。好！你有沒有發現，一元硬幣中的孫文一臉嚴肅的神情？十元硬幣中的蔣介石像一位溫和的微笑老爹對著你笑，笑得你心裡發寒……

再仔細想想，咱們從小到大念書的學校禮堂中懸掛的「國父肖像」、「蔣介石肖像」，孫文總是有著「屎」一樣的表情，蔣介石則是笑容可掬；要是不瞭解他們兩人生平事蹟的話，各位會比較喜歡哪一幅畫像呢？

這可是個歷史的「奧秘」！一個常見的圖像，卻被有心人士刻意設計，試圖渲染大眾的思想。

事實上，孫文並不嚴肅，還很親民。即使他老兄當上了臨時大總統，有一天，一個鄉下老農民闖進孫文辦公室，大呼小叫，孫文不但沒轟他走，反而請老農民一起吃飯，甚至聽他訴苦。至於硬幣上微笑的蔣介石，則是跟民眾保持冷漠的距離，除了設計好的公眾活動外，平常搭著黑窗總統車、住在幽靜私宅、身旁總是圍繞著一大隊特工。

到底是誰親切？誰嚴肅？

不過當一九四九年，中國國民黨從大陸撤退來台，為了塑造「蔣總統」的崇高形象，當年的政府開始一系列有關蔣介石個人的「造神」工程。除了廣設中正路、中正國小、中正公園……這一系列的紀念建築外，還在各政府機關、學校、公眾場合，儘可能地擺放蔣公肖像或是雕像。而且這些肖像製作時還有規定：

「神貌應充分顯示 蔣公慈祥、雍容之神貌，並含蘊大仁、大智、大勇、堅毅、樂觀之革命精神，與至誠、博愛、愉快、生動之神情。」

注意！重點是愉快生動！這樣才容易讓民眾產生親切感。至於孫文，則刻意塑造了嚴肅的臉孔，讓不知情的民眾產生隔閡感，進而增加對蔣總統的好感。

甚至以前的鈔票，孫文用一百元作為紀念，蔣介石就用五百及一千元作為紀念，硬是把孫文給死死地壓下去！而且舊版一百元上的孫文表情還是一臉嚴肅的討人厭模樣！

舊版百元鈔票上所使用的孫文肖像。

新版百元鈔票上所使用的孫文肖像。

風水輪流轉，自二〇〇〇年開始通用的一百元紙鈔，孫文老兄換上了一副笑臉，至於老蔣則是二百元鈔票的紀念主角。這也是二〇〇〇年後上台的新政府試圖隱晦傳達的「奧秘」！表面上老蔣仍然受到紀念，可實際上，由於二〇〇元鈔票印刷數量不多、平常很少有機會使用，所以老蔣的存在感，也在民間被淡化削弱。

我們可以從鈔票的演變，看到歷屆政府透過多種方式，試圖影響甚至引導群眾相信他們認可的史觀。其實不只是歷史，政治意識、財經投資取向、對人的品評好惡……等等事務，都常有人試圖主導眾人的意見，所以當有人問我：

「幹嘛一定要學歷史？那不都是過去的事情嗎？」我會回答：「學歷史不只是知道過去發生什麼故事，厲害的人可以從已經發生過的事情，對應到現在正在發生的事情，然後去因應。至於更厲害的人，會學到獨立思考的習慣；如此一來，不管是面對過去還是現在發生的事情，就不會那麼容易受到他人的操縱了。」

課本裡沒說的孫文

由於本書部分內容曾在網路上刊載，所以當初在網路上看過黃興和宋教仁文章的讀者，也許會有這樣的想法：「金老師應該很討厭孫文啊。」

其實正好相反，我尊敬孫文，並認為他在整個革命過程中，扮演了不可缺少的角色，能被稱為「國父」可謂實至名歸（不過我要強調的是，他只是「國父」之一，一個國家能創立絕非一人之功，而是有賴於眾人的群策群力）。

首先，他建立了革命學說，是提倡民主思想的早期先鋒。民主思想在現代社會稀鬆平常，可是在一百年前，大家滿腦子的流行思想還是「皇帝輪流做，明年到我家」。若不是孫文首先提出一個比較完整的《三民主義》政治學說，當時眾多青年還搞不清楚努力方向，包括黃興，就是被孫文的學說煞到，才加入了孫文的革命粉絲團。

其次，他負責極為重要的使命就是籌措資金！革命畢竟不是幾個人喊喊口號就能成功的，而是要付出實際行動。舉凡：搞文宣、買武器、拉會員……哪個不要錢？那麼，請問：「到底要怎麼把錢弄到手呢？」

叫黃興拿起噴子，連開三槍！然後說：「同胞們！贊助我們吧！」

叫宋教仁開辦政治學課程，然後說：「請大家付我學費，資助革命。」

叫長得很帥的汪精衛出來說：「賣我個臉面，捐款搞革命吧！」

要這些人攢錢真是十足的不可靠！所以搞錢的重責大任基本上就交給孫文了。那孫文到底要怎麼掙錢呢？簡單來說，就是出一張嘴！

少年時代的孫文。

沒錯！正因為孫文擁有十足的嘴炮能力，能罵透敵人、鼓舞群眾、募款籌錢、提升組織知名度，時人給予孫文一個名副其實的稱號：「孫大炮」！而我有幸聽過孫文的演講錄音帶，雖然聽不大懂他的廣東話，可光憑著孫文說話時的抑揚頓挫、彷彿是用盡生命說話的力度、配上玉樹臨風的外觀，真給人一種「我不管你信不信，反正我信了」的權威感。

本著「相見恨晚」的心態，我努力解析孫文的嘴炮心法，琢磨出了以下幾個原則。

孫大炮的演說秘訣

嘴炮無敵第一式——即席反應

很多時候，計畫趕不上變化，一個好的嘴炮，在遇到臨時狀況下，就要依賴自己的想像力、應變力、創造力，或是靠著簡單幾句話來挽回整個局面。

話說本是熱血醫生的孫文創立了「興中會」搞革命，不過這個興中會實力實在弱得可以，搞了兩次起義（一次還沒發動就失敗，另一次被清朝狠揍了一番）之後就徹底歇氣。孫文自然不滿意這樣的結果，幸好之後在日本，他遇到革命時期的好戰友——「華興會」會長黃興。黃老兄也是兩次起義不成功後，逃難到日本。更巧的是，另一個革命團體「光復會」的領袖陶成章也來到日本。

這幾人湊在一起，得出「團結力量大」的答案，於是共同成立了強而有力的革命團體——中國同盟會。成立大會當天，所有成員一起窩在一個日本人家中開會。沒想到開會人數過多、重量太重，大家才剛激情宣示：「驅逐韃虜！恢復中華！創建民國！平均地權……」

崩！地板給壓塌了！

這實在不是個好預兆啊！就在所有人臉色陰晴不定的時候，孫文突然放聲大笑：「各位！這就是滿清政府倒塌的前兆啊！」

這話雖然純粹是嘴炮，還是個超級高射炮！偏偏大家就吃這一套，紛紛說：「孫先生說得好啊！滿清要倒了！」這就是他優良的即席反應，可以用幽默感凝聚團隊的向心力。

嘴炮無敵第二式——言簡意賅

好的嘴炮者，話不用多，一句就夠！要利用最短的字詞表達自己的處境，並且使他人認同自己的處境。

話說武昌起義成功以後，孫先生根本不知情！因為他當時不在中國，而是在美國。一直到湊巧看到報紙報導武昌起義的消息，加上黃興打電話通知，他才趕回中國，主持大局。

好不容易抵達中國，一群記者立馬團團包圍住孫文，直截了當地問道：「孫先生從國外趕回來，到底帶了多少錢？」

怎麼記者第一句話就談到錢呢？那是因為民國臨時政府雖然成立了，卻沒有國庫收入。而國家大事卻樣樣都要花錢，先不說經濟建設，光是那三十萬為革命黨效力且攻下南京的大軍，總要付薪水，才能讓他們上工啊！

此時的孫文處境可囧了！所有人都認為：「孫文在同盟會時期，就是專門募款的，現在應該是帶錢回來吧？」事實上，孫文根本就是個窮光蛋！甚至有位歷史學者唐德剛先生，透過訪問，竟得出「孫文在美國還當過『企檯』，也就是洗盤子的打雜工人」這種勁爆的史料。

跟孫文要錢？想得美！

問題是，眾人對他的期待這麼高，究竟要如何回應眼前的逼問？（先別偷看孫文的說法，自己先閉眼想套說詞吧！）

當時孫文只說了一句：「我沒有一文錢。帶回來的，只是革命精神！」

孫文外號「孫大炮」。

眾記者一時愣住，然後……鎂光燈四射！一旁圍觀民眾大喊：「孫先生說得好啊！」而這句話也堵住所有軍官的嘴，搞得當時三十萬大軍最高領袖、江蘇都督程德全，明明被底下欠薪的士兵罵翻，也只能說：「孫先生回來就好了。」

說真的，我沒看過有窮光蛋話說得這麼理直氣壯，並且還能夠名留青史的。

孫文這張嘴太、厲、害、了！順帶一提，民國臨時政府缺錢的問題其實一直未能解決。根據孫文的助手胡漢民說法：「有一次我去國庫提款，國庫只剩下十元。」由此可見臨時政府的財務窘境。

嘴炮無敵第三式——忽悠大法

所謂「忽悠」，就是唬爛。意指講的話讓人陷於一種飄忽不定、神智不清、喪失判斷力的狀態。

民國臨時政府成立後，為了宣傳民主思想，咱們的文哥可是每天不停地趕場演講。有一次當孫文講到：「所謂的民主，就是人民是國家的主人。」有一個人當場提問：「你說人民是主人有最大的權力，那政府呢？政府要是沒有權力，怎麼執行命令？政府要是有了權力，那人民的權力不就消失了嗎？」

這話問得刁啊！真要是認真解釋，足以在大學開個通識課程。但見文哥突然改變了語調，緩緩地說：

「我來這裡的路上搭了一輛計程車，由於快遲到了，所以我一搭上車就說：『司機！盡快到目的地！』話說完，司機立刻開車，但很奇怪的是，他都不走大馬路，反而走彎彎曲曲的小道。車開得很快，旁邊的道路又很陌生，我不知道會發生什麼事，所以有些緊張。十分鐘後，我準時到達了目的地，問計程車司機：『為什麼你剛剛不走大路，而一直走小路？』司機回答說：『你剛剛說趕時間，所以我要盡快把你送到目的地，按照這個時刻，我走大馬路就一定會塞車。小路雖然彎曲而且距離較長，但卻可以全力加速，你看，我這不是把你準時送到了嗎？』

就任臨時大總統時的孫文。

各位，乘客就是人民，有權力決定目的地；政府就是司機，可以決定用哪一種方式到達目的地。如果這個司機不能完成我的要求，甚至是胡亂繞路、損害乘客的利益，我們可以不搭這輛車！也就是我們人民可以罷免不需要的政府，這就是我要強調的：人民有權、政府有能！」

說實在話，這就是個有熟悉路況的運將在臭屁。但孫文竟然可以把這件事借題發揮、小題大作、離題萬里地跟政治學思想兜在一起，來解釋政府和人民權力衝突的問題，聽起來滿順耳、又像有那麼一些道理。更絕的是，這段故事後來被編進了《三民主義》課本，成為我高中時期的考試教材，這演講的威力可見一斑。

看完我描述的孫文，不知各位有什麼感覺呢？

我在「故事：寫給所有人的歷史」網站撰寫這個系列文的時候，很多人反應：「咱們的國父怎麼是個嘴炮？」

前面提到，革命不只是拚命那麼簡單，需要有實際的金錢，還有強而有力的宣傳管道，來獲得群眾支持。孫文靠著他驚人的演講力，使得無數青年，包括汪精衛、胡漢民，甚至日後的蔣介石，開始認識民主制度，並加入革命的行列。他還為各項革命工作募到大筆款項，比如黃花崗革命時，南洋富商就在孫文的號召下，捐款十多萬。

各位評評理：他的功勞大嗎？

如果大家對孫文感到失望，這反應其實極為正常。因為我開始接觸孫文的歷史文獻時也有一種被教科書欺騙的幻滅感。

為何我們理想中的孫文跟實際上的孫文有這麼大的差別？這其實是道德教育的盲點。以往的課本及教育總是告訴大家，孫文多麼偉大！他憂國憂民、堅忍不拔、見識超群，可是面對著孫文的缺點，例如：獨斷獨行、錯誤的革命策略、未能親自參與革命，咱們的教育卻選擇避而不談。總之，我們的教育似乎就是把國父神聖化、樣板化、不朽化，成為近乎完美的典範。

這樣的典範用來告訴單純的小學生還行，但到了國高中階段，我好奇的是：

（上）一九〇六年，孫文與中國同盟會新加坡分會部分會員合照。前排左起：林幹廷、張永福、陳楚楠、孫文、尢列、劉金聲、林義順；後排左起：吳悟叟、張華丹、張繼、陳汝河、鄧子瑜、黃耀廷、張秉庚。
（下）一九一二年二月，孫文就任臨時大總統後，率領臨時政府官員拜謁明孝陵。

難道咱們的教育單位，面對已經十多歲、正需培養獨立價值觀的學生，還不願意真實呈現一個人的是非對錯，讓學生自己學習做價值判斷嗎？

所以，我寫下了我所認識的孫文。

他並不完美也並不全能；相反地，跟我們一樣是有其優缺點的平常人。如果在今天，他會是在你我身旁的王牌業務員、能言善道的醫生，甚至是購物台的主持人。這樣平凡卻又不平凡的「國父」，是不是真實得多呢？

第四章

消失的光復會。

一九〇四年，攝於日本的部分光復會成員。前排左起：陶成章、陳魏、徐錫麟；後排左起：龔寶銓、陳志軍。

近幾年被台灣教育界炒得很夯的合作學習法實踐者——佐藤學教授，看過現今的教科書後表示：「太簡單了！只要自己讀就會，不用教。大家都以為學力低的孩子學不會，為了這些孩子降低學習內容，如此一來，學力高的孩子覺得學習太無聊，學力低的孩子知道老師對他的評價，也不會願意學習，整個教室都沒有學習。要拯救學力低的學生，最好的方式就是增加教材難度。」可惜的是，教育部似乎沒做出相關的回應。

無獨有偶地，每當老ㄕ翻閱國中課本，也是忍不住眉頭一皺，因為教育部當初說是為了幫助學生減輕壓力，結果精簡許多的課本內容，並降低難度。最好的例子，就是清末革命黨到民初政黨的演變。不論哪一個版本的課本，大概都是下列的表述：

興中會（孫文創立的第一個革命黨）

↓

同盟會（興中會聯合其他團體所成立的超級革命黨）

↓

國民黨（民國初年的政黨，後被袁世凱解散）

↓

中華革命黨（對抗袁世凱所成立的革命黨）

↓

中國國民黨（孫文成立延續至今的政黨）

如果你還是一個學生，我會為你拍拍手：「哇！重點整理得真好ㄟ！考試就這麼寫喔！」但如果你是一個願意聽我嘮叨的聽眾，告訴你：「你被別人唬嚨了！」

咱們華人有個悠久傳統「外鬥外行，內鬥內行」，而且我們還可以把傳統升級成「內鬥中還有內鬥」！清末民初的革命黨，一方面想辦法「革」掉清朝，另一方面往往也在「革」掉其他革命黨，獲得領導地位。甚至不只生前「革」，死了以後還可以繼續「革」！像前頭我從歷史課本整理出來的革命黨演變，課本這麼寫、考試這麼考、教育這麼教，事實根本不是如此。

請看以下這些階段的演變：

第一階段：興中會→同盟會。表面看起來，似乎就是孫文的興中會取得領導地位；但事實上，孫文的興中會當時已經被搞得山窮水盡，就是一家空頭公司。真正在同盟會占上風的，其實是黃興所創立的華興會，所以就算要寫也應該是：興中會＋華興會＋光復會＋其他各會→同盟會。可是舊版的國編版課本還算有良心地用「一句話」提到了華興會、光復會，現在的國中課本則根本不提。

第二階段：同盟會→國民黨。這倒沒啥問題，不過國民黨的實際領導人是代理理事長——宋教仁，而非當時跑去修鐵路無成果、算是半退出政壇的孫文。結果對於不世出的智謀者宋教仁，課本只給了他一個剛登場就被槍斃的鏡頭，以至於這位令袁世凱都害怕的政治天才，成為了打醬油人物。

第三階段：國民黨→中華革命黨。宋教仁死後，孫文立刻主張袁世凱是兇手，以武力討袁，也就是課本提到的「二次革命」，結果革命黨慘敗！孫文失敗後，深深地認為：「都是大家不聽我的話，力量不集中，這才失敗！我要另組中華革命黨，準備對抗袁世凱！」

組黨不是問題，但這個黨的條規很有問題！孫文為了確保他的最高權威，所以要求加入中華革命黨的黨員都要誓死守密、服從孫總理命令、如果違背要受極刑！而且加入的時候還要「蓋手印」，並由見證人宣讀證書。

袁世凱。

黃興可有意見了！他說：「孫先生啊！你這入會誓言跟儀式，怎麼搞得跟黑道一樣啊！（真的很像，就差沒跟孫文斬雞頭了）而且，這誓言說的是『服從孫總理命令』，你這不是搞獨裁統治嗎？」

孫文說：「還不都是因為二次革命時，包括你在內，太多人不肯第一時間聽我命令（或根本不聽），我可是為了革命的效率啊！」

這時，黃興的硬脾氣徹底發作了，他怒道：「那你跟袁世凱有何不同！人家北洋只聽袁世凱，難道我們革命黨只聽你的？」最終包括黃興在內的許多同盟會成員，就因孫文獨裁的問題，沒有加入中華革命黨。所以中華革命黨不是繼承國民黨，反而比較像一場拆台的鬧劇；也就是在這時刻，昔日的同盟會精神開始瓦解。

第四階段：中華革命黨→中國國民黨

昔日同盟會精神，是要創立一個仿效美國式民主的政權。可惜的是，自北洋勢力掌控政權後，這個夢想已經破滅。而且人家北洋可是「正統政府」，當時各國只跟北洋政府打交道（順帶一提，北洋政府做的最好的一件事，就是參與一次世界大戰，並成為戰勝國，多少提升了中國的國際地位）。孫文的勢力，說難聽點，根本就是叛亂政權或割據政權，還沒有穩定的兵權。

為了要獲得「正統政府」的地位，孫文只能跟別人合作，而他合作的對象是蘇聯，主要原因是比較省錢！

其實孫文比較想跟英、日、美這些國家合作，可這些國家要嘛愛幫不幫！代表國家是美國，當時美國盛行政治孤立主義；要嘛像吸血鬼一樣，先榨乾你再說！代表國家是英、日，英國要的是商業權利，日本要的是對中國土地的掌控權；那蘇聯要什麼呢？答案是……什、麼、都、不、要！

ＷＯＷ！蘇聯怎會這麼大方？那是因為蘇聯當時剛成立，國際地位相當不穩，再加上他們本身有將「共產主義」擴展到全世界的理念，所以來到中國，尋找可以合作的有力人士。本來他們最初想合作的對象是北洋實力派軍人吳佩孚，但吳大帥冷漠地拒絕，蘇聯只好退而求其次地找上孫文。當時蘇聯代表溫情地對孫文說：「只要你願意吸收中國共產黨加入中國國民黨，我們願意用極低的代價幫你改造組織、訓練軍隊、提供資源（尤其是軍火），不知你願不願意啊？」

孫文一聽，立馬說：「我、願、意！」於是孫文的政治理念開始向左傾斜，並展開了歷史課本所提的「聯俄容共」、「第一次國共合作」時代。這也使得日後國、共二黨雖然分分合合，但總有剪不斷、理還亂的關係。比如之後蔣介石擔任黃埔軍校校長，曾經教出一個學生林彪，他是國共內戰期間殲敵最多的共軍元帥；而當時學校的政戰部主任是周恩來，後來中共的國務院總理。

又比如日後國民政府北伐，先派出一個獨立軍團打先鋒，然後這支部隊的主帥葉挺是共產黨員，也就是說是共產黨為國民黨北伐打頭陣。

另外還有一個人曾前往蘇聯讀書，跟之後的中共領導人鄧小平是同班同學，兩人關係還挺不賴的，那人叫蔣經國。

孫文的政治左傾，造成更多成員的遠離，而昔日的同盟會精神也等於就此消失。所以從興中會到中國國民黨，他們之間的唯一共同點就是，都有孫文加入。這是一個以孫文為中心的歷史架構，歷史課本這麼教，我在學生時代時也糊裡糊塗地學，若不是大學時接觸了眾多課本中沒有寫的史料，可能會繼續維持被人建構的思考邏輯，就算遇到不同說法，也無法參透其中的道理。

究竟課本還有多少事情沒有告訴我們？從清末革命組織「光復會」，我們更能體會：每一份歷史紀錄的背後，總有一雙看不見的手在主導讀者的思考。

光復會的文人們

昔日創立同盟會的三大革命黨，除了廣東的興中會、湖南的華興會，還有以浙江為根據地的光復會。浙江一帶，自南宋開始由於生活富裕，所以居民接受教育的普及度頗高，可說是「文人墨客」的批發生產地。因此其組織成員在清末革命黨中就顯得特別文質彬彬、氣質與眾不同。這點從光復會的創會會長——蔡元培，就能充分地證明。

蔡元培，字仲申。生於一八六八年，由於小時家裡有錢能供他專心讀書，所以他十七歲考取秀才、十八歲開始當老師、二十二歲左右當上舉人、二十五歲考取進士，開始當官。這在明清時代是個超猛的學業成就！

俗話說「秀才不出門能知天下事」，會有這麼高的評價，是因為當年讀書人最初的身分叫做「童生」。童生定期會進行考核，分成六個等級，其中最高的兩級才能晉身為秀才。

在清朝中後期，有一位老兄想要考秀才，結果考到三十歲都沒能考上！大概是打擊太大，這人之後先是發高燒後來又自稱是上帝的兒子、耶穌的弟弟，然後改名叫洪秀全。其實洪同學的經驗不算什麼，因為最高紀錄是有人一百歲了還考不上啊！

如果能當上秀才，基本上已經享有個人不必服勞役、遇官免跪的特權，但秀才平日生活仍是過得苦哈哈。古語說：「窮秀才，富舉人」，想過上好日子，秀才們仍須努力考試！清朝小說《儒林外史》有一個著名的橋段叫做「范進中舉」，一位叫范進的老兄是個窮秀才，常常窮到要跟殺豬的岳父借錢。結果當有人告訴他竟然考上舉人以後，他立刻興奮過度，當場變瘋子了！別怪范進同學如此超過，因為他當時已經五十四歲，估計他考了三十多年才成功啊！

蔡元培。

不過舉人是當不了官的，真要當官，還是要考上進士才行！有些人拚死拚活都考不上這一關，例如著名的學者——康有為。這位「康聖人」讀書方式十分特別，基本上就是抱一大疊書，然後拿起尖錐、用盡力氣猛刺下去！他扎破幾本書，當天就要看完幾本書（老ㄕ自己曾做過相同測試，拿起尖錐猛力一戳，當場扎破七百多頁，可不管怎麼努力，當天我實在沒能看完那麼多資料）！

但也就是這種變態讀書法，康聖人考到三十多歲都沒考上進士，甚至有人說康聖人之所以最終在三十七歲考上進士，還是因為他帶領當時眾多舉人一起抗議馬關條約（以現代眼光來看就是搞學運），那些清朝大官為了安撫這個領隊才給出進士資格。

同樣是進士，其實地位還是有差別，因為進士等級分為：一甲、二甲、三甲。一甲只錄取三個人（狀元、榜眼、探花），二甲跟三甲錄取人數不一定。之後政府開始分發各進士官職；一般來說，大部分人會被分配到地方上、從小官做起，蔡元培則是少數人，因為他名列前茅、考試分數特高，所以被留在中央，官職則是翰林院庶吉士！

翰林院庶吉士的工作基本上就是負責抄公文、遞資料、查閱筆記；換成現代人的說法，就是留在中央文書機關當打雜的實習生。但各位千萬不要小看這些打雜的！有些人一輩子想當打雜的還當不上呢！

話說明清時代是沒有宰相的，而是一批圍繞在皇帝身旁「位低權重」的內閣成員處理國家大事(概念有點像今天的總統府機要秘書)，按照官場上的傳統：這些官員一定要由擁有庶吉士經驗的人才可擔任。

這下懂了吧！「打雜打得好！高官當到老！」今天卑微的打雜實習生，極有可能在幾十年後，成為皇帝身邊掌握政治大權的機要秘書！這種打雜工作，是不是大家搶破頭要做呢？

依照蔡先生的優秀程度，只要工作幾年後，極有可能就會成大清朝的高級幹部。不過就在三十歲時，蔡元培辭、職、了！

為何辭職呢？

因為三十歲那年，清朝的戊戌變法失敗，讓蔡元培對清朝失去了信心，並決心用另一種方式來改變中國！

於是蔡元培回到老家，號召江蘇、浙江一代的菁英分子：「大家一起來革命！改變整個中國吧！」光復會就這麼誕生了！

不過蔡元培先生對革命的軍事貢獻不大，因為蔡先生是高級讀書人，有道是：「秀才造反，三年不成。」蔡先生都當到進士了，要由他來搞革命，估計三百年都不成功啊！即便後來加入同盟會，蔡先生最大的貢獻也就是搞文宣，或是號召江浙地區的人士入黨。所謂「術業有專攻」，打打殺殺有克強、出謀劃策有漁父、募款撈錢有逸仙，蔡先生最大的功用不是鬧革命，而是革命過後的國家建設。

革命成功後，蔡元培成為中華民國「第一任」教育總長、中華民國「第一任」中央研究院院長、中華民國「第一任」監察院院長。另外他還擔任北京大學

章炳麟。

校長，並在任內把北京大學從吃喝玩樂大學變成今天中國大學的前二志願！所以說，蔡先生非亂世的幹將、卻是治世的良師啊！

蔡元培雖然學貫中西（既考上進士，後來又在德國讀大學），但說到中國的國學知識，他大概會謙虛地說：「比起『那人』，我恐怕不算什麼。」

而「那人」大概會說：「那些國學知識只是小兒科，我真正厲害的，你還不知道咧！」

隆重為各位介紹，國學大師——章炳麟！

章炳麟，號太炎。小時候家庭富裕，出身書香世家，祖父是讀書人，曾祖父也是讀書人，而且他們有著濃厚的漢民族主義，導致章炳麟從小就對清朝這外族政府非常感冒。

蔡元培先生的厲害程度，我們可以透過科舉制度來認識，但章炳麟根本不屑參加科舉！從一件事情上，大概就能認識這位國學大師的知識，以及他那好氣又好笑的奇特個性。

話說章炳麟一生有兩子四女，兒子就不提了，我們來看看他女兒的姓名：

長女，章㸚；

次女，章叕；

三女，章㠭；

四女，章㗊。

現在問一個問題：「你們會念幾個字啊？」

（㸚，音同麗，停止的意思）

（叕，音同輟，聯合的意思）

（㠭，展的古體字）

（㗊，雷的古體字）

這些字怪也就罷了，最令女兒們頭疼的是：「怎麼沒有男生來提親啊！」

原來所有男士一看到這些怪字，為了怕出醜，讓人發現自己連女方的名字都不會念，怕得不敢上門提親。

最後還是章大師在一次宴會中「刻意」找機會說出女兒的名字念法，這才有人向章家小姐說媒，所以女朋友的老爸學問太高，那可是很難搞的！

不過真正讓章大師聞名於世的不是他的國學能力，而是縱橫「罵壇」的開罵氣魄，我們來看看章大師一生當中開罵過什麼對象：

戊戌變法康有為正得意時，他罵康有為；

大清朝要進行國是改革時，他罵光緒皇帝；

孫文是革命組織的領袖時，他罵孫文；

袁世凱搞了個洪憲帝制時，他罵袁世凱；

蔣介石搞北伐威風八面時，他罵蔣介石。

總之，章大師的罵人表現，可謂極度生猛，看誰不爽就罵誰！而且這樣罵下來結果是……統、統、都、沒、事。

當然這當中，有人是沒能力對付他（例如康有為跟孫文），有人是不想認真對付（例如蔣介石跟袁世凱）；清朝倒是真想對付他，連慈禧老佛爺都放話一定要搞死章大師，但偏偏外國人出手保護，沒轍！

之所以能縱橫「罵壇」多年不倒，章大師憑的就是兩個秘訣：知識及知名度。淵博的知識，使章大師罵人的題材超多，隨便幾句話就能把人罵得一愣一愣的，還讓被罵者暗自羞愧：「怎麼國學知識沒學好？」

而超高知名度，使被罵者就算想對章大師動刀，也因顧及大眾觀感，無法得逞。這就好像東漢末年，有個叫禰衡的憤青，也是看誰不爽就罵誰，甚至面對權傾天下的曹操，也是照罵不誤，還沒事在曹操面前脫光衣服，徹底吐嘈他一番。結果曹操的反應呢？他說：「禰衡這小子，居然敢侮辱我！我殺他就跟飛鳥殺老鼠一樣簡單，但這人有虛名，遠近皆知，今日殺了禰衡的話，人人覺得我度量狹小。」所以曹操最後只是把禰衡遣送給劉表，希望劉表這個政敵殺了這位不知好歹的憤青。而劉表也知道禰衡不能殺，於是又遣送給自己的暴躁手下黃祖，避免自己哪天衝動殺了禰衡後，會被全天下抨擊。

不過清朝後來還是判章大師無期徒刑，而章大師也就是在被關的時候，回應蔡元培的號召，加入了光復會。

順帶一提，章大師也曾把清末民初權位極高的袁世凱，罵得血壓升高、青筋暴露，但最後老袁也只能表示：「就一個瘋子，又能怎麼樣（所以章大師外號又叫：章瘋子）？」由此可見，名聲對一個人的保護能力有多麼地強大。

綜觀章大師的表現，我的評語是：

論知識，章大師是一流的；論罵人，章大師是很猛的；論幹活，那是沒指望的。還是那句話：「秀才造反，三年不成。」章大師對革命最大的幫助，就是他卓

陶成章。

越的筆戰及開罵能力，至於軍政事務，還是一邊涼快去。

蔡元培跟章炳麟都是文人，在光復會地位崇高，但如果由他們親自管理，估計光復會就要變成讀書會了。所以真正促使光復會建立、負責對外聯繫、團結內部的靈魂人物，其實是光復會副會長陶成章！

陶成章，字煥卿，他以文學造詣高聞名於當世，並時常往來浙江各地，所以人面頗廣，眾多人士加入光復會，都是衝著他的面子。而陶成章在日本遇到孫文等人，覺得理念相投，所以就共同聯手成立了同盟會。

比起蔡、章二人，陶成章務實得多，是真正團結光復會的靈魂人物。他也是讀書人中的異類，因為在一九〇〇年代，當蔡元培正在德國攻讀哲學、文學、心理學，章炳麟則在西方社會學影響下，開始研究「新史學」；陶成章則是研究催眠術。

沒錯！陶成章研究催眠術，而且還寫了一本書叫《催眠術講義》，是中國早期學習催眠術的必讀教科書，這也突顯出陶成章不同於一般文人的特性。

光復會的武鬥派人士

雖然蔡元培等人學識非凡，但革命就是需要打打殺殺，所以光復會雖以文人為主，但還是有一批武鬥派幹將負責投入第一線的戰場。首先介紹，光復軍大元帥——徐錫麟。

徐錫麟，字伯蓀，在日本認識陶成章後，開始接觸革命思想並加入光復會。不過因為一些見解不同，他並未加入同盟會，因此他的行動也獨立於同盟會以外。

徐錫麟。

徐錫麟回到中國浙江後，開始創立「大通學堂」作為光復會組織的重要聯繫據點，話說這「大通學堂」最特殊的地方，就是它的課程包含軍事教育，這是徐錫麟為了日後革命的武力訓練，特別跟清朝政府提出申請。而清朝官員竟然也答應撥出費用，幫大通學堂買了五十枝槍、子彈二萬發，只是清朝政府怎麼也沒想到，他們養的是一群亂黨！

有了軍火及根據地後，徐錫麟跟陶成章決心策畫一場革命行動，當時陶成章提出一個建議：「伯蓀，你和幾位同志去當清朝官員吧！」

徐錫麟有點傻眼：「啥？搞革命為什麼要先當清朝官員啊？」

陶成章回答：「正因為要順利革命，所以要先找人去臥底打入清朝的官僚體系，一方面我們能掌握清朝官員行動；另一方面，你們能藉由職務開始影響部分清朝部隊，等到時機來臨，伯蓀你們就對清朝官員實施斬首行動！之後立刻率領你們掌控的部隊起義，這時我們在各地的同志也會起來呼應，迅速掌控各地局勢！」

於是徐錫麟花了一小筆錢，靠著買官的方式當上安徽省的警察局長。不過按照陶成章的計畫，當徐錫麟在安徽搞鬼時，浙江方面也需要有人負責掌管大通學堂及起義事務，剛好此時一位關鍵人物從日本歸國，加入了起義行列。

雖然徐錫麟是光復會武鬥派最高領袖，不過這位後出場的關鍵人物卻在今日留下更大的名氣，她就是整個革命黨員中最有特色的鑒湖女俠——秋瑾！

秋瑾，字競雄。相信很多人一聽到這名字，立刻會說：「我認識她！好一個革命奇女子！」但這位女俠卻有著再平凡不過的人生開場，她本是清朝官吏的女兒，並聽從父母之命，嫁給了一位身家富裕的丈夫，生下一對兒女。

這本是當時女子的生涯公式，但秋女俠卻偏偏突破了大環境的限制，走向她的傳奇之路！一切只因為秋瑾有個思想觀念頗為進步的女性鄰居，在她與鄰居聊了幾次之後覺得：「現在乃中國多事之秋，但凡國民皆該付出一己之力，我豈可只安坐家中相夫教子呢？」

於是秋瑾開始閱讀西方書籍，並穿著男裝上劇院看戲。在今日，女生們為自己精心打扮然後和姊妹淘去逛街是再平常不過的事，但在清末男尊女卑的社會，女性通常「大門不出、二門不邁」。秋瑾不但上街看戲，還是男兒身打扮，這簡直是妖孽啊！

所以立刻有人告誡秋瑾的丈夫：「你媳婦這樣有問題！要管好她！」

秋瑾的丈夫倒頗能接受她的先進作風，在他看來，只要妻子繼續照顧家庭，許多事情是可以容忍的。但接下來秋女俠的這句話，就讓丈夫炸鍋了：

「我要去日本留學。」

看著眼前露出剛毅神情的妻子，丈夫不開心地說：「妳一個女子，幹嘛去留學？」

秋瑾說：「我要去尋求真理，女人也有救國救民的責任！」

丈夫罵道：「這是男人的事情，

秋瑾。

妳不要胡思亂想！」然後他知道自己的妻子說得到、做得到，於是他沒收了秋瑾的一切財物，試圖用金錢困住她的留學之路。

但秋女俠也真硬脾氣，她跑去找當初那位開放的女性鄰居說：「我要留學，借我錢！」

隨後在鄰居資助下遠渡東洋，展開了學射擊、練騎馬並鍛鍊日本劍道的留學生活（別以為女俠是叫好玩的，秋瑾的格鬥能力比普通壯漢還猛）。

在日本留學期間，秋瑾認識了徐錫麟等人，並接觸到革命思想，於是她先加入光復會，後來還加入同盟會，成為第一位女性會員。從海外歸國的她正好解決了起義人手不足的問題，於是徐、陶、秋三人決議：「秋瑾接手大通學堂，徐錫麟則帶著同志前往安徽，執行臥底行動。」

清末無間道——安慶起義

秋女俠接管大通學堂後可不含糊，這位治學嚴謹的女校長不只要求學生定期實彈射擊，每天還親自騎馬帶隊視察，凝聚了不少學生的向心力。但這也讓子彈數量從二萬發驟減至六千發左右，而且當地鄉親對於一個女人成天帶著學生打槍感到不快，於是某些鄉親跟官府告狀後，大通學堂逐漸引起當地官員的關注。

位於浙江省紹興市的大通學堂舊址，徐錫麟故居。© wikipedia/Acstar

至於在安徽的徐錫麟，取得安慶巡撫恩銘的信任，逐漸擴展革命黨的地下勢力；本來這一切都按計畫順利進行，可惜革命黨始終未能成氣候的一點，就是保密功夫做不到家！

當徐錫麟覺得時機成熟可以開始斬首行動，並號召秋瑾一起起義時，一個光復會成員被清朝抓了！這個被抓的成員供出了安徽、浙江大起義的計畫，甚至讓起義策畫人的名單都曝光了！

接到有人意圖謀反的報告，安徽巡撫恩銘把負責警務的徐錫麟找來。一開始他很客氣地說：「伯蓀啊！你來看看這份文件。」

徐錫麟接過文件一看，這不就是他們的起義計畫書還有名單？甚至他這策畫人，也就是「光復軍大元帥」的名字就寫在名單的開頭！
難道恩銘找自己來是要就地正法？
徐錫麟勉強鎮定地看著恩銘，但他不知道恩銘的下一步要做什麼？
只見恩銘緩緩地說：「伯蓀，你可知道這亂黨首領——徐××是誰嗎？」
徐錫麟差點軟癱在地，因為他……得救了！
原來當初徐錫麟跟內部同志聯繫時，比較喜歡用「外號」進行聯繫，所以恩銘看到名單中的亂黨領袖「徐××」時，根本沒意識到，那人正是眼前的徐錫麟！
雖然暫時逃過一劫，不過徐錫麟很明白：「起義行動不能再拖，只能提早進行了！」於是在沒能全面通知各地同志的情形下，徐錫麟決定跟身旁僅有的兩位同志，幾天後進行斬首行動！
到了當天，恩銘聚集安徽省所有高級官員舉行會議，正當他對官員訓話時，徐錫麟的一名同黨突然拿著炸彈高喝：「狗官！死去吧～你！」然後扔出炸彈！結果……竟是啞彈一枚，沒爆！
革命黨員立刻被活逮，恩銘則跟身旁的徐錫麟說：「給我好好審問這名亂黨！」
徐錫麟卻對恩銘說：「其實大人，還有革命黨人要殺你！」

恩銘問：「你怎麼知道？」

只見徐錫麟突然從懷中掏出了雙槍說：「因為我就是那個革命黨！」

本來按照徐錫麟的理想情節：他先一槍蹦掉恩銘，之後雙槍縱橫，連續開火斃掉恩銘旁邊所有官員！至於丟炸彈的同志以及跟在徐錫麟身旁的兩位同志，也會一起掏出雙槍，然後解決門口附近的所有官員，徹底癱瘓安慶的官僚系統！如此一來，徐錫麟就能趁城中大亂時，集結先前聯繫的革命黨勢力還有被策反的清軍，一口氣占領安慶，並號令各地同志起來接應！

如果徐錫麟真能實現他的計畫，光復會不只能成功地發動起義，還會留下媲美好萊塢電影的經典動作場面。但幻想是美麗的、現實是殘酷的，真實的情節是：

當徐錫麟掏出雙槍要對準恩銘時，他發現眼前一片模糊，看、不、清、楚！

原來他老兄「近視」，根本無法瞄準目標啊！所以他只好「亂槍掃射」，結果恩銘身中七槍……卻沒有一槍被打在致命部位，讓這位老兄竟一時沒死成！

此時徐錫麟的同志們也慌了手腳，他們掏出雙槍一片亂打，結果是打死幾個官員，卻讓大部分的官員發現情況不對，全都落跑了！甚至連身中七槍的恩銘，都被身旁的護衛硬拖出槍擊現場，不過最後他還是傷重身亡。

眼見情況失控，徐錫麟跟同志們趕緊趁亂逃離案發現場，之後他號召一小部

分的部隊起義，但城中其他官員卻調動更多的部隊，鎮壓並活捉了徐錫麟。

當初我看到安慶起義的描述，立刻扔飛手中的資料感嘆：「這是我看過有史以來最『瞎』的暗殺行動啊！革命黨的炸彈怎麼就挑個不開花的水貨？然後徐老兄自己說要將對方一槍斃命，還要順勢橫掃眼前的護衛，結果竟因『近視』這鳥理由，導致都開七槍了，還無法當場取人性命？難道配副好一點的眼鏡有這麼難嗎？」

這就是革命黨的老毛病：有搞起義的熱情，沒搞起義的本事。

徐錫麟沒能死在起義戰場實在不幸！有道是：「拚得一身剮，要把皇帝拉下馬！」明清時代，官府對付像徐錫麟這樣的叛逆，往往就動用了中國法治史上最殘忍的凌遲（剮刑），也就是最少要砍犯人三百刀（最多達三千刀），造成犯人身體巨大的痛苦後才挖心再斬首！

在面對究極的恐怖前夕，徐錫麟竟找人拍下遺照且含笑面對，他要向世人證明：「即使面對酷刑及死亡，我仍堅持理念且毫不動搖！」

光復軍大元帥徐錫麟，得年三十三歲，他在凌遲後被砍下的肉片，被分送給清朝士兵沾著醬料生吃，在重視「全屍」概念的傳統中國，可謂死狀極慘。

處刑過後，清朝官員搜查徐錫麟的住處，並找到號召起義的「光復軍」旗幟、徐錫麟的光復軍大元帥印章、革命黨人的名冊。然後從名冊當中，清朝官員知

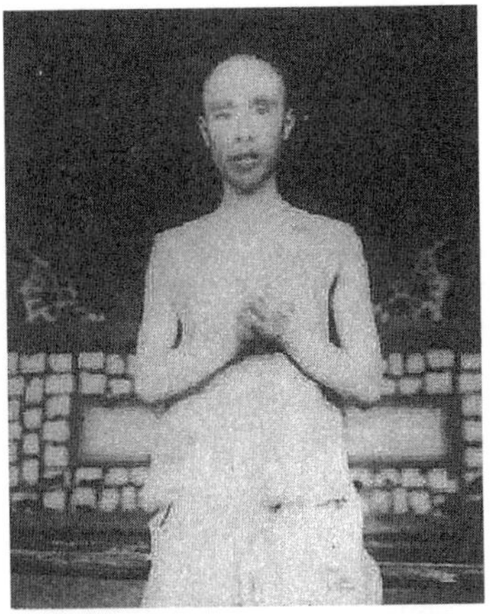
行刑前的徐錫麟。

道了他們接下來要對付的目標：浙江光復軍領導人、大通學堂校長秋瑾！

與此同時，起義失敗的消息傳回了大通學堂，於是學生及革命黨人連忙找到秋瑾說：「競雄（校長），伯蓀他失敗了！那些官員都指名要抓妳，趁現在還有機會，趕快逃吧！」

秋瑾聽了，只是冷靜地說：「所有學生離開學校，無論發生什麼事，千萬別回來！所有革命成員，在處理一切機密文件後立刻離開！」

革命黨人急著問：「競雄！那妳呢？」

秋瑾淡淡地回答：「革命，總是要有人流出鮮血的。」

等到清朝官員包圍大通學堂時，秋瑾依舊冷靜地坐在大堂中，任由士兵把她羈押。當她被浙江當地官員審問：「把妳所知道的亂黨成員寫出來！」

秋女俠只寫下一句：「秋風秋雨愁煞人。」

主審官員氣炸了！他沒想到一介女流之輩竟可如此淡然地回應逼供。此時有位叫李鍾嶽的陪審官員是比較同情秋瑾的，他了解秋瑾若不配合審訊，不但死刑難

免，還要歷經酷刑；反之，若是她願意配合調查，供出革命黨名單，或許可能有一線生機，問題是：要如何使秋瑾就範？

李鍾嶽靈機一動，他想到可以利用「母愛的力量」，於是他接過審訊，對秋瑾說：「聽說妳有一對子女，妳想念他們嗎？」

秋瑾原本淡然的表情鬆動了！她怎麼可能不想念自己的骨肉？當初她離家去日本留學，就與夫家斷了聯繫。不過等到她回國後，卻特地抽空回家探望兒女，由此可見她是極為重視兒女的！

李鍾嶽接著說：「妳要是死了，這對孩子就要失去他們的母親了。」

秋瑾沉默良久，然後緩緩地說：「我是為所有的孩子而死的。」

這句話，代表秋女俠放棄了最後的生存機會；似乎也宣告：為了追求期待的希望，哪怕世人對她抨擊，而且要丟下相夫教子的平凡幸福，她也不後悔！

鑒湖女俠秋瑾，於遭逮捕的隔天凌晨被斬首，得年三十一歲。自此，這場由光復會獨立策畫及行動的「安慶起義」徹底失敗。

雖然「安慶起義」中，徐錫麟等人的臨場表現令人惋惜，可對於這場堪稱「清末版的無間道」策畫，我仍感到佩服；若非機密外洩，如果真按計畫發動起義，勢必使安徽、浙江二省的治安失控，造成清朝極大的混亂，影響力可能不輸給日後的黃花崗起義。

立於杭州西湖畔的秋瑾像。© wikipedia/ 刻意

可惜，歷史是沒有「如果」的，除了徐、秋二人遭到殺害外，暗中策劃的陶成章，也在清朝強力追捕下逃到了南洋避難，這使得光復會喪失了起義的能力，一直等到四年後發生了武昌起義，才有機會重回中國，建立勢力。

倒孫運動——光復會與同盟會的決裂

說了這麼多光復會成員的故事，相信各位也知道，這個團體臥虎藏龍、實力堅強。事實上，在所有同盟會的派系力量中，光復會實力僅次於華興會，並有眾多文人為革命注入強大的文宣力量。

不過，一場金錢風暴將徹底切斷光復會跟同盟會之間的合作關係，還差一點就讓同盟會徹底崩潰！這場金錢風暴的主角是孫文，事情是這麼展開的……

在清末民初，日本由於距離中國近，加上眾多願意接受新觀念的留學生在此學習，於是成為革命黨人落跑及接受新觀念的基地，在眾多革命黨彼此交流下，甚至促成中國同盟會在此成立。

但好景不常在，隨著日清二國交流日漸密切，清朝終於向日本政府提出了要求：「為了維繫中日兩國關係，日本應該加強控制革命黨人的活動！」

日本政府也答應了！所以他們找到了孫文，告訴他：「清朝政府向我們施壓，所以我們無法讓你繼續待下去了，你快點離開，之後也不要再過來！」

不過日本人對孫文挺客氣的，雖然趕他走，但臨走前還致贈了兩萬日圓給他（當時一個日本人一天平均生活費只要二十多元，兩萬日圓是筆不小的數目）。

孫文拿了這兩萬日圓後，就跑到了革命黨重要的文宣機構「民報」，這裡是包括國學大師章炳麟在內、眾多光復會成員的工作場所，時常為了經費短缺而煩惱不已。

孫文說：「大家辛苦了！我帶了經費給大家。」並留下了兩千日圓後離開……等一下！剩下的一萬八千日圓跑去哪裡了！

以章炳麟、陶成章為首的民報成員，頓時火大了！他們抗議道：「ㄟ！孫文！日本人的兩萬日圓應該算是我們革命黨的經費吧！你怎麼就給兩千？把剩下的錢也交出來！」

孫文卻說：「人家日本政府是給『我』錢！我都拿了一部分出來當革命經費，你們還想怎麼樣？」接著又繼續滿腹委屈地說：「為了革命，我花了多少代價，如今你們竟然說我貪圖這點小錢？這錢！我自有用處，我不會交出來的！」

其實孫文說這句話有點問題，確切來說，應該是孫家為革命付出許多代價，因為孫文自己本身沒賺什麼錢支持革命，反而是他老哥孫眉，為了幫助這愛革命的二弟，把頗賺錢的牧場都拿去換錢為革命打水漂去了！

但是我不相信孫文會拿錢去做不正經的事情，畢竟當年有人招待他住高級飯店，結果孫文竟然退房去住等級較差的小旅館，然後把差額拿去搞宣傳，所以這整起事件最大的爭議應該是：

一、財務處理不夠透明化。

二、錢的所有權不明。

有關爭議一，相信大家會問：「那為何孫文堅持不公開財務去向呢？」

要知道，孫文是在亂世搞革命，不是在和平時代蓋巨蛋，他可能會把錢用來買軍火、招募人員暗殺、策反清朝將領……要是公開財務去向，搞得你知、我知、連清朝都知道，那、還、搞、啥、革、命啊！所以孫文不把財務透明化，是有不得已的苦衷。

而爭議二就純屬自由心證，孫文認為日本政府是給他個人、光復會成員認為錢應該是給革命黨，公說公有理、婆說婆有理，這讓兩幫人馬爭論不休、越吵越兇。

吵到最後，光復會會員火大了，尤其是陶成章，他決定把孫文從同盟會會長的位置拉下來！不過陶成章也知道，只憑光復會的勢力很難辦到這件事的，於是他拉了另一個人幫忙，就是宋教仁！

看到這裡，我真覺得陶成章是除了宋教仁以外，最會搞陰謀策畫的革命黨人。

他找宋教仁的原因有二：

一、宋教仁其實不太喜歡孫文。

根據談話紀錄，宋教仁認為孫文過於獨斷，不是一個好現象。

二、拉攏宋教仁背後的勢力。

別忘了！宋教仁是華興會二當家，要是他加入，就等於拉華興會下水反孫。

而且宋教仁多少存有私心，倒不是說他想當會長，而是他想要一個人當會長，那人是……黃興！

宋教仁恐怕是這麼想的：「克強！當初同盟會成立，你本該是會長的不二人選，可是你讓給了孫文。事實證明，你的犧牲奉獻遠超過孫文，你的寬宏氣度更是孫文比不上的！現在就是另一次機會，跟我、還有陶成章一起合作，拉下孫文！讓你接替會長職務吧！」

結果，黃興告訴孫文：「這次陶成章反抗你，我絕對為你盡全力擋下來！」

（唉！我真不明白黃興你為何要對孫文那麼好？）

最終在黃興的力挺下，孫文保住了同盟會會長職務，而光復會的成員徹底失望了……

「算你孫文運氣好，有黃克強保住你！但你休想再號令我們跟你合作！」

於是，一九一〇年，光復會宣佈脫離同盟會。這個分裂風暴不但鬧出了內鬨

的笑話，而且想盡辦法互扯對方後腿，也削弱了革命勢力。

孫文跟光復會的恩怨，並未隨著民國建立而有所淡化，像章炳麟在討論臨時大總統的人選時，就這麼說：「論才，當屬宋教仁。論德，當屬汪精衛。論功，當屬黃興！」意思簡單明瞭，就是：「孫文算什麼咖？就一A錢嘴炮！」

而那位最強力反孫的陶成章則在武昌起義後，成為浙江省的革命代表，與支持孫文的上海督軍陳其美，有著不小的衝突。

有一天，陳其美對著一個年輕人說：「聽說陶成章想要投靠袁世凱，為了革命大業，我們要剷除他！」

這個年輕人說：「大哥！讓我這結拜小弟，替你解決他！」

陳其美拍著這年輕人的肩膀說：「志清，這事靠你了。」

過了幾天，這名叫蔣志清的年輕人指使了手下（或有一說，是蔣志清親自動手），槍殺了陶成章！

而隨著陶成章的死，光復會喪失最優秀的領導者，最後煙消雲散……

跟各位提一下，這位年輕人完整的姓名：蔣志清，字介石，他是陳其美的結拜三弟，而蔣介石之所以能嶄露頭角，就是從暗殺陶成章開始的！

節錄一段蔣介石於一九四三年的日記內容：

「看總理（孫文）致稚暉先生書，益憤陶成章……然而總理最後信我與重我者，亦未始經由此事而起，但余與總理始終未提及此事也。」

而且蔣介石本人也很爽快地承認這件事是他幹的：

「陶之喪心病狂已無救藥，若不除之，無以保革命之精神……不能不除陶而全革命之局……余於此特記述之，但出於一片公忠之至誠。」

（上）陳其美，（下）蔣志清。

當然，蔣介石是受陳其美主使，可我想問一句：「會不會陳其美幕後還有主使人或是默許者？那人又有可能是誰呢？」

光復會得罪了日後的國父，日後在教科書地位如何？我想各位也不難猜想了吧？

但因為教科書沒提到、鮮少有人知道、史料也少有記載，我才加倍渴望為這些前人留下一些紀錄。

畢竟他們與孫文、黃興等人一樣，為開創理想的新中國付出許多，是不折不扣的「國父們」！

誰言往事俱往矣？光復會的諸君們，你們仍然活在我的心中！

第五章

引刀成一快，熱血文青汪精衛。

當我為國父「們」的故事搜尋資料（尤其是照片）時，發現清末民初的亂世中，英雄好漢固然不少，讓女性為之臉紅心跳的「帥哥」也不算少數。甚至在民國初年，流傳著「民國四大美男子」的說法，時至今日，還成為後人茶餘飯後的話題。

「民國四大美男子」是哪些人呢？

我只能說：「沒、有、定、論，因為大家對帥的定義不同！」而且我始終覺得奇怪的是：「這個說法到底是怎麼產生的？」結果查了半天，找不出「民初四大美男子」最初的起源，反倒是查到不同的版本：

版本一：汪精衛、周恩來、梅蘭芳、張學良。

版本二：汪精衛、周恩來、張學良、蔣介石。

版本三：汪精衛、孫文、梅蘭芳、蔣介石。

民初美男子簡介

先說說各版本中，身分比較特殊的戲劇大師——梅蘭芳。

在黎明主演的電影《梅蘭芳》中提到，以前戲劇人員社會地位很低，清朝還規定戲劇人員屬於「賤籍」，不得跟地位高的人通婚。而戲劇人員之所以能夠逐漸提升地位，很大的原因就是梅蘭芳的貢獻。

由於他高雅及創新的戲劇身段，加上成功將京劇推廣給西方社會，使他不只在日後的中國戲劇界奠定無人超越的大師地位，還提升了戲劇人員的社會地位。而從當時的人們竟然在「帥」的事情上，拿來跟社會頂端的政治人物相提並論，就可看出人們對他的重視以及敬重！

梅蘭芳的帥屬於陰柔型，因為他在京劇扮演的是旦角（也就是男扮女裝），當我看到梅蘭芳的女性扮裝，以及那清新脫俗的氣質，只能說：「唉！連女性都羨慕你的美！」

梅蘭芳。

不過梅帥哥的外型倒也非一味的陰柔，他的骨子中還是帶著一股英武之氣，所以他的成名戲劇，除了有《貴妃醉酒》這種純粹呈現女性之美的類型，還有像《穆桂英》掛帥，須融合女性陰柔及武打動作的刀馬旦類型。總之，當時女性愛死了梅大師，並以「梅郎」來暱稱他，真是魅力十足！

接下來介紹經典的「高富帥」代表——蔣介石。

很多人乍聽四大美男中有蔣介石，第一個反應就是：「喂！他是光頭ㄟ！哪裡帥啦？」

那是因為大家比較少看到年輕時代的老蔣帥照，年輕時的他：

身高：一七〇公分（當時的人營養不良，平均身高是一六〇公分左右，所以老蔣算高個子。）

學歷：留學過日本（這在清末民初是非常牛的！）

家世背景：鹽商（有錢人，所以才能送他去留學。）

職業：黃埔軍校校長、中國國民黨總裁、三任行政院長、偉大的軍事委員會委員長……

所以論錢、論權、論帥、論身高，老蔣可謂當年中國第一高富帥！但比起他的前輩，老蔣一定覺得自愧不如，因為接下來這位仁兄帥得太超過！他年輕時，因為帥而有眾多桃花也就罷了，等到中年，竟然還獲得年輕正妹的芳心！他就是偉大的少女殺手——孫文！孫文一生共有五任妻妾，看看他們的結婚年齡吧：

孫文——正室盧慕貞：孫十九歲，盧十八歲，這組合相當正常。
孫文——側室陳粹芬：孫二十六歲，陳十九歲，也還好。
孫文——日籍妻子大月薰：孫三十六歲，薰十七歲，咦？
孫文——日籍側室淺田春：孫三十一歲，春十五歲，這……
孫文——國母宋慶齡：孫四十九歲，宋二十二歲，然後兩人第一次認識時，宋只有一歲。
天吶！難道孫文的帥是老而彌堅，年紀越大越有魅力嗎？

（上）蔣介石，（下）孫文。

（上）周恩來。（下）張學良。

再來談談我一直很欣賞的周恩來。要不是這位「中共的宰相」幫著毛澤東收拾殘局，說不定中共在文革時期就垮台！也是這位老兄一直暗助鄧小平，才有日後中國的改革開放。而在文革政治鬥爭不斷的年代，周恩來始終睿智地保持在領導層「老三」的地位，使毛澤東每次想批鬥整人時，總有人擋在前面先遭殃，例如劉少奇、林彪，自己則安度危局，不得不說此人深諳為官輔政之道。

至於他帥的程度，我只能說：在我自己粉絲團舉辦的民初美男子的票選活動中，周恩來同志擊敗眾多強敵獲得了第一名！

最後一位是因西安事件而影響中國現代最深的人物，少帥——張學良！嗯，他很帥！好，就這樣。還是別閒扯太多，趕快進入主題吧！

各位有沒有注意到？在不同版本的「民國四大美男子」中，一定都有汪精衛出現；可以這麼說，他足以稱為「民國四大美男子」之首。

帥哥革命家——汪精衛

汪精衛，本名汪兆銘，字季新，「精衛」是他的筆名。這位老兄生平最有名的事蹟有三個：

一是當漢奸，也是歷史課本唯一記錄下的形象；二是長得帥，文學大師胡適曾經說過：「他真是個美男子！我若是女人一定死心塌地地愛他。」（胡先生你說這話不怕被老婆罰跪算盤？）三是文章寫得好，他的文筆好到孫文死後，孫家還請他幫忙寫遺囑，也就是流傳後世成為以往學生必背經典的〈國父遺囑〉。

汪精衛。

身處在清末，跟無數的留學分子一樣，汪大帥哥到日本後就被革命思想所吸引，加入了革命黨，並成為孫文最信任的筆桿。不過汪精衛當時在革命黨只是小咖

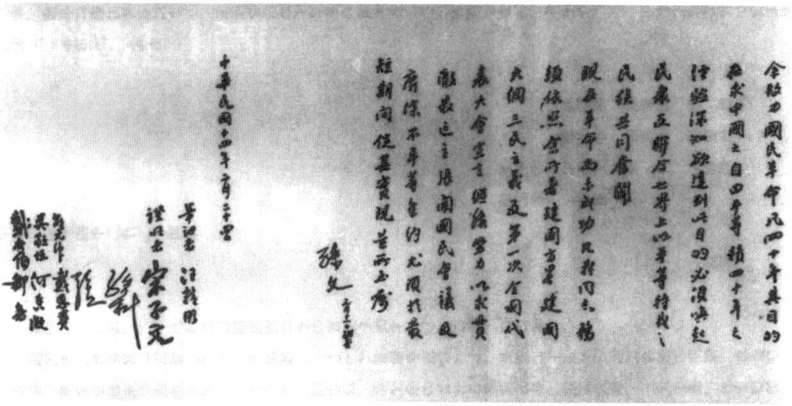

余致力國民革命凡四十年其目的在求中國之自由平等積四十年之經驗深知欲達到此目的必須喚起民眾及聯合世界上以平等待我之民族共同奮鬥
現在革命尚未成功凡我同志務須依照余所著建國方略建國大綱三民主義及第一次全國代表大會宣言繼續努力以求貫徹最近主張開國民會議及廢除不平等條約尤須於最短期間促其實現是所至囑
孫文 三月十一日補簽
中華民國十四年二月二十四日
筆記者 汪精衛
證明者 宋子文 孫科

汪精衛的代表作〈國父遺囑〉。

人物，論國學文才，他可比得上章炳麟？論西洋新知，他可比得上蔡元培？論實際事務，他比得上黃興、宋教仁嗎？

真正將汪精衛推上歷史舞台的，是一場迫不得已的暗殺事件。

銀錠橋暗殺事件

話說當年革命黨不只是要跟清朝對尬，還要跟「保皇黨」對掐。所謂「保皇黨」，是昔日搞戊戌變法的康有為、梁啟超所組織的君主立憲改革黨，他們以「亂臣賊子」的心態看待革命黨，並找機會拚命打擊革命黨的作為，其中最令革命黨頭痛的人物，就是日後的飲冰室主人——梁啟超！

梁啟超曾經用他那「筆尖常帶感情」的文筆，撰文批評革命黨領袖們：「徒騙人於死，己則安享高樓華屋，不過『遠距離革命家』而已。」而這句「遠距離革命家」瞬間重創大部分群眾對革命黨的印象。

加上革命黨自己也不爭氣，竟然因孫文財務交代不清，爆發了分裂危機。

外有清朝及保皇黨的威壓，內部又是鬥爭到一盤散沙，青年汪精衛終於站出來說：「我要證明革命黨不是搞遠距離革命！我要以行動激勵咱們革命黨的士氣！」

旁邊的革命同志問：「你要怎麼證明跟行動啊？」

汪精衛說：「我要去北京親自暗殺一兩名清朝高官！我要以自己的行動喚醒同志們的士氣，並向外人證明，咱們革命黨是不畏犧牲的！」

不過北京防衛極度森嚴，單打獨鬥那是沒戲唱的！自然要學現在的ＲＰＧ遊戲，組團完成暗殺任務。

梁啟超。

咱們的汪帥一臉堅決地詢問：「我這一去，凶多吉少，可有人願意陪我拚著一身剮，把清朝拉下馬？」

話才剛說出，有三個人立刻站出來：「我們願意！」

汪精衛看著眼前兩個自告奮勇的夥伴：

● **夥伴一：黃復生**

職業：憤青

專長：很會讀書、喜歡讀書、只會讀書。

● **夥伴二：方君瑛**

職業：女教師

專長：學教育、懂教育、很會辦教育。

● **再看看自己：**

隊長：汪精衛

職業：文青

專長：寫文章、寫文章以及寫更多的文章

特殊技能：「一抹帥哥的微笑」，發動此技能，可使女性團員信心度上升一百％。

汪精衛明白，靠這個組合來搞暗殺的結果就是壯士一去兮不復返。而第三位自告奮勇的夥伴，則讓汪精衛開始頭痛了……

（左）方君瑛，（右）黃復生。

● 夥伴三：陳璧君

職業：富家千金

專長：喜歡汪精衛、愛死汪精衛、跟定汪精衛一輩子！

話說陳璧君小姐雖然也是革命黨少有的女同志，不過比起女俠秋瑾、教育家方君瑛，這人加入革命的動機似乎不單純。她本是馬來西亞華僑的富家千金，在接觸新式教育的過程中，看到了革命黨出版的報紙《民報》，看著看著，對幾篇文章感覺特別好。

「哇！這麼好的文章是誰寫的呢？」

仔細一看，這些文章的作者都是同一個人：汪精衛。之後陳璧君又收到消息，精衛即將在馬來西亞展開巡迴演講，於是本著對汪精衛的好奇，陳小姐出席了這場演講。

「讓我們歡迎汪精衛先生！」當汪精衛伴隨著司儀的介紹走上台的那一刻，她瞬間眼睛一亮！血流加速！心跳快爆表！天哪……好、帥、喔！

大家千萬不要以為璧君小姐怎麼會如此膚淺，一看到帥哥當場就被愛神邱比特正中紅心。試想，連胡適大師這爺們看到汪精衛都另眼相看，何況是正值青春年華的少女？

汪精衛本人對這狀況一直感到無奈，因為真的不是他個性風流，純粹是因為長、太、帥、了！

聽完演講後，腦中暈暈然的璧君小姐回到家，立馬告訴家人：「爸、媽！我決定了！我要搞革命！」

這句話一說出口，陳媽媽嚇得當場飆淚、不知所措：「女兒啊！妳是不是瘋啦？」

陳爸爸面對女兒的重大宣言，立刻本著「都是為你好」的心態，氣急敗壞地威逼女兒：「妳可知道那些搞革命的是要被殺頭的！」

璧君小姐說：「我有我自己的想法，反正我想加入革命黨（其實是追汪精衛吧）！」

即使陳爸爸大力反對，陳璧君還是毅然離開家，投入革命黨的行列了。不過，陳爸爸其實是支持革命的，他一直是孫文在南洋最主要的捐款贊助者，所以當陳璧君離家出走後，陳爸爸立刻暗自寄了生活費給陳璧君，讓她在革命黨的生活過得相當不錯。

革命黨看到有罕見的女同志加入，覺得應該安排個好職缺給她，而璧君小姐不假思索地表示：「當然要跟汪先生同一個單位！」於是，陳璧君展開了正職追汪精衛、兼職搞革命的工作生活。面對陳璧君熱烈的追求攻勢，汪精衛不勝其擾，於是準備講清楚、說明白：

「冰如（陳璧君的字），我知道妳喜歡我，但我不能接受妳。」

「為什麼？」陳璧君追問。

「因為……其實我已經有未過門的妻子了！」

面對這理由，陳璧君盯著汪精衛說：「我知道你有一位未過門的妻子，可我也知道，你早把婚約給退了！」

帥哥革命家——汪精衛。

聽到陳璧君這麼說，汪精衛心中一痛。沒錯！他曾經有一位未過門的妻子，是小時候由汪精衛的哥哥幫他跟劉家姑娘「劉文貞」訂的婚約。不過等到汪精衛開始搞革命後，一來他和這位未婚妻本來就沒感情基礎，二來他也不願意這位姑娘受他這「亂黨」牽連，於是就寫下退婚書：「我倆不適合在一起，就當我辜負妳的等待，取消這門親事吧。」

誰知劉文貞竟回覆：「我雖未過門，但我心中只有你沒有別人了。雖然你不願接受我，我願意一輩子不嫁，就算你我之後再無交集，可我……仍然會在自己的世界，等著你。」

從此，這成為汪精衛一生的痛。因為他知道，不管何時，有位姑娘一直用她的方式祝福、並等待著他。

汪精衛呼了一口氣，鎮定了心神，繼續跟陳璧君說：「我是革命黨人，我連自己的明天在哪裡，都不知道。」

陳璧君卻笑著說：「我也是革命黨人，我也不知自己的明天，你不覺得我們兩個可以彼此搭配成『我倆沒有明天』嗎？」

面對這黏上甩不掉的牛皮糖，汪精衛只好鄭重地說：「璧君！我這麼說吧！我現在只有一個目標，就是革命！只要革命沒有成功，我是不會考慮兒女私情這種小事的！」

陳璧君停了下來，轉身深情地對汪精衛說：「那我會一直等！我不會放棄！我會等到，你願意接受我的那一天！」

汪精衛看著眼前的夥伴三號，他知道這位令他頭痛的大小姐要跟定他了。而且之後為了降低暗殺團的可疑性，暗殺團還做了一個讓陳璧君樂歪的決定：讓汪精衛跟陳璧君成為「名義上的夫妻」！

汪精衛心知肚明，這三個團員組成實在不靠譜，所以他找了一個真正大咖的暗殺專家加入。

夥伴四：喻培倫

這位革命青年雖然也是讀書人，不過他讀的書不太一樣，他在日本留學期間念的是藥學，做出來的藥是……炸藥！由於喻培倫製作的土製炸彈，絕不出包、造價便宜，成為各地革命同志搞破壞的最愛，當時革命黨還送他一個封號：「炸彈大王」！這也是整個汪精衛暗殺團當中，實力最硬的團員。

一九一〇年，汪精衛一行人到了北京，暗殺目標是攝政王——載灃！暗殺團調查出載灃每天固定會經過銀錠橋，而橋下有一個水溝正合適放炸彈，於是分配任務，由喻培倫、黃復生負責安裝炸彈，汪精衛負責引爆炸彈。為了確保絕對可以

（左）載灃與兒子溥儀（立者）、溥傑合影；（右）喻培倫。

炸死載灃，暗殺團放置了一個四十磅左右的超大炸彈，威力之大，不但可以炸斷橋，連橋兩岸的住宅也會被摧毀！日後成功的革命黨說這次暗殺是熱血義舉，可若是當年革命失敗，汪精衛等人的行為其實就是現代的恐怖分子啊！

而當年要精準地引爆炸彈，就需要有人在炸彈的附近插上電線，才能進行爆破；也就是說，負責引爆的汪精衛會因炸彈威力的波及，跟載灃死在一塊。對此，汪精衛笑著說：「如果我一個人的死，可以激勵整個革命士氣，值！」

但就在執行計畫前，負責安裝炸彈的喻培倫突然衝進來跟暗殺團說：「大事不好！我們的炸彈被官府發現了！趕快離開北京，躲避官府的追查吧！」

汪精衛卻說：「先等會兒，說不定官府不知道是我們革命黨幹的。」

隔天北京各大報紙都登出了有人想用炸彈行刺攝政王的新聞，不過報紙上的分析卻都認為這只是清朝官員間的內鬥，沒有一篇新聞懷疑是革命黨所為。三天後又有新聞指出，已經抓到行刺案的主謀。

汪精衛說：「看吧！官府並沒有懷疑到我們頭上。這次失敗沒關係，我們下一次一定會成功！所以培倫你離開北京去製作炸藥，璧君、君瑛去籌款，復生和我繼續潛伏在北京進行下一次暗殺行動。」

套一句電影《賭神》中的著名台詞：「年輕人終究還是年輕人。」真以為清朝官員都是豬頭三？其實清朝警方發現炸彈後，立即明白是革命黨所為，為了防止暗殺者們逃跑，刻意向新聞界放出假消息，使暗殺者放心地待在北京。

而警方在檢查炸彈後，發現炸彈中的螺絲釘明顯是最近才被製造出來，於是追查到製作螺絲釘的打鐵舖，再藉由打鐵舖老闆的指認，查到了暗殺團的總部，接下來一舉突擊，當場逮捕還在北京的汪精衛跟黃復生！

看看警方的精密手法，再對照汪精衛等人的表現，我真的想跟汪帥說：「憑你也想搞暗殺？天真哪！」

愛情如死之堅強

被活逮的汪精衛立馬被關進監牢，同時差點被炸的載灃，發飆了：「這種亂賊！馬上給我砍了他！」

不過負責主審的肅親王善耆，倒是對汪精衛頗有興趣，所以還跑去監獄跟汪精衛懇談了一番，懇談的內容很長，精簡地說就是……

善　者：「幹嘛搞暗殺？」

汪精衛：「因為要革命！」

善　者：「其實你可以考慮支持咱們的君主立憲。」

汪精衛：「我堅持共和制度！」

善　者：「大好生命，年紀輕輕就死，值得嗎？」

汪精衛：「我一人死，換取整個革命生機，值！」

甚至等到善者走後，汪精衛還寫詩抒發心情，其中一首為：

慷慨歌燕市，從容作楚囚；
引刀成一快，不負少年頭。

我眼前似乎浮現了一個青年平靜地看著架在頸項間的大刀：「下刀吧！就以我的血，成為後繼志士的指標！」而善耆看到這首詩，馬上明白：這人是來玩命的！所以跟載灃說：「讓這人死只會激勵亂黨，讓亂黨行徑更加瘋狂，不如我們先監禁他，說不定日後此人對我們還有用處。」

汪精衛暫時保存了一線生機，可我認為：這是更大的精神折磨。因為他要面對牢裡艱困的環境（依照當時的規矩，每日牢飯就是爛米加上蘿蔔乾，每五天會加一次菜，菜色是一小塊豆腐），還有不知何時突然被捉去砍的死亡陰影……

肅親王善耆。

日子就這麼一成不變地過下去，有一天，牢裡的獄卒突然對汪精衛說：「起來！有你的東西。」

汪精衛有點茫然地接過獄

卒手中的籃子，然後看到裡面有十個雞蛋。「誰會給我送雞蛋來啊？」汪精衛一邊納悶地想著，一邊關愛地看著難得的美食，這時他發現其中一個雞蛋寫著一個字：「璧」。

原來這雞蛋是陳璧君送來的，自從聽到汪精衛被抓的消息，陳璧君不顧一切地回到北京，試圖營救汪精衛。不過一個人又能做些什麼呢？陳璧君只好儘可能地先跟獄中的汪精衛聯絡，於是疏通獄卒送來這十個雞蛋，還請獄卒對汪精衛說：「你有什麼話？我會轉給送你雞蛋的人。」

第二天，陳璧君收到汪精衛給她的訊息：「勿留京賈禍（別留在這裡，小心招惹禍事啊）！」

又過了幾天，汪精衛收到陳璧君託獄卒轉遞的信，裡面寫道：「我們兩人雖被牢獄的高牆阻擋無法見面，但我感到我們的真心卻能穿過厚厚的高牆。我將遵從你的忠告立即離開北京，不過在此之前有一件事想和你商談，你我兩人已不可能舉行形式上的結婚儀式，但你我兩人從現在起，在心中宣誓結為夫婦，你看好嗎？」

汪精衛看完信後，不禁發出了一聲嘆息，他開始回想跟陳璧君的相處點滴；當初他以為，她不過是一個喜愛美男子的富家千金，如今他知道，她確實愛他極深；即便他生死難料，難有重獲自由的機會，可她依然不放棄任何希望，一心只想追求他的愛……

之後陳璧君接到了汪精衛的信，打開信一看，裡面只有用血寫下了一個字：

「諾（我答應你）」！

雖說汪精衛答應了陳璧君的求愛，可汪精衛知道：要嘛！他之後被清朝拉去剁了；要嘛！他會在這牢獄裡度過餘生。至於革命大業？看來仍是毫無希望，或許對陳璧君的允諾，是他現在唯一能做的事，就在不多的時日裡，給予另一個人小小的幸福感吧。

「世事如棋，乾坤莫測！」汪大帥哥一九一〇年四月被關，結果一九一一年十月，革命黨就在武昌起義成功了！一時之間，大清朝搖搖欲墜，隨時可能被革命黨扳倒！這時滿清官員突然想起：「我們不是還關了個汪精衛嗎？趕緊把他放出來，舒緩一下革命黨的情緒吧！」

汪精衛與陳璧君。

於是蹲了一年左右的苦窯後，汪精衛被清朝釋放，由於當年搞暗殺寧死不屈的事蹟，他獲得革命黨人士的一致尊敬，所以立刻被潛藏在北方各省的革命人士公推為北方革命黨領袖。加上他本人不菸、不酒、不賭、不嫖，就連那位愛罵人的國學大師章炳麟都說過：「看臨時大總統的人選，論德，當屬汪精衛；論才，當屬宋教仁；論功，當屬黃興！」

這可是了不起的評價啊！要知道黃興跟宋教仁可是名列「同盟會三大領袖」，要是論資排輩，汪精衛根本不在同一個層次。然而，汪精衛此時的聲望竟然可以排在革命黨的前四名！只要汪精衛願意，他將是政壇上的風雲人物，高官厚祿指日可待！

但汪精衛卻說：「此時，我只想做一件事，那就是實踐我革命時說過的承諾：『等到功成之日，我一不做官、二不做議員。』我將歸隱家園，並持續在知識上精進！」

說完，他拒絕所有人的挽留並搭船前往上海，因為他還要兌現另一個承諾，一個他應允別人幸福的承諾！

一九一二年九月，汪精衛與陳璧君結婚，隨後前往法國留學，並且跟政治斷絕一切的往來，時人多稱他倆為「神仙眷侶」。

當真是「淡看紅塵雲和月，忘機江湖功與名」……

真、要、是、那、樣、就、好、啦！

隨著二次革命爆發，汪精衛決定重返中國政壇支持孫文；這個決定，使他踏上身為國民黨領導人的中年，以及向日本人投降，並背上「漢奸」之名的晚年。

（左上）擔任南京國民政府主席時的汪精衛；（右上）汪精衛與蔣介石；
（下）一九三五年，在馬來西亞的陳璧君與汪精衛（後排左一、左二）。

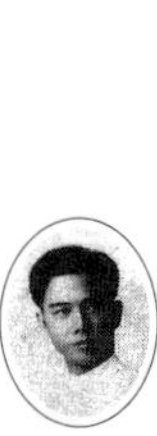

遺憾的是，兩岸教科書記下了他痛苦萬分且不堪的晚年，卻沒有記錄，他年輕時曾是滿腔熱血、視功利為糞土，甚至成為鼓舞革命精神的志士象徵。

汪精衛是奸是良？每個人自有不同的解讀；而我只想讓大家更了解他不負少年頭、最純真及熱血的曾經。

第六章

三二九，昨日黃花。

請教一下各位：「國父革命總共失敗了幾次呢？」

我想大家一定馬上可以回答出正確答案：「十次！」畢竟孫文的革命經歷，總是被咱們的師長當作激勵向上的例子，比方當學生哀嚎：「唉呀！我的數學段考已經不及格六次了，還是不要讀了。」師長就會說：「你看國父革命失敗十次都沒放棄，你也要效法他的精神，不要輕易放棄啊。」

既然大家都知道國父革命失敗了十次，那我再請教各位：「請問這十次起義，分別叫什麼名字呢？」

嗯……不記得？那我告訴大家，也不用記得！因為讀歷史重要的是看清楚脈絡，而非硬背一些枝微末節。

就像我上大學時，教授曾經列出同盟會的十次革命，然後問大家：「有看出什麼端倪嗎？」

台下的學生說了幾個看法，教授則是連連搖頭，直到最後才劈頭一句：「你們沒發現，革命黨起義的位置有夠偏僻嗎？」

看看其中幾個起義地點：潮州黃岡、惠州七女湖、廣西欽州防城，這些地方在清朝是窮鄉僻壤，更別提後來同盟會索性在雲南的邊陲地帶發動起義（也就是孫文唯一親身參與的鎮南關起義）。為何同盟會專找這些不毛之地起義呢？這都是因為孫文認為，在邊區發動起義時，由於當地駐紮的清軍數量稀少，加上方便從海上

廣州黃花崗七十二烈士之墓。

或邊境偷渡軍火資助革命軍，是比較容易成功的。

但問題是，邊區起義固然容易成功，但就是太偏僻了，起義成功的消息無法在短時間內傳遞至全國各方，讓其他反清勢力有機會接應，反倒是清朝會搶先調派大軍鎮壓。結果這些邊區起義，往往只是熱戰幾天後，隨即被消滅（這也是邊區起義的限制）。

雖然十次起義地點不須全背，不過若是一場都不談論，那真是對不起昔日的革命世代。所以歷史課本記錄締造民國的武昌起義之外，也一定會提及中國同盟會規模最大的一次起義行動，那就是廣州三二九黃花崗起義！

翻開課本，大家會發現相對於其他九次失敗的起義，課程規畫者對黃花崗

起義算是交代良多，不但旁邊附錄相關圖片，並交代黃花崗起義中有七十二位烈士犧牲，為了紀念他們，政府還特地制定了「三二九青年節」。

可即便如此，我仍覺得有限的教科書篇幅，實在不足以敘述這場留名後世的起義。究竟那些烈士、那場起義發生了什麼事值得紀念？且讓我們把時光倒回清末的革命現場……

發起

一九一〇年十一月十三日，在馬來半島的檳榔嶼，一場會議正在召開，重要出席人包括：

中國同盟會會長——孫文
中國同盟會副會長——黃興
會長秘書——胡漢民
原清朝新軍，現任香港同盟會會長——趙聲
南洋富商——鄧澤如

會議的開始，氣氛顯得有些低迷，孫文首先發言：「同志們，本會發動了七次革命（沒算興中會的兩次）雖然都失敗，但革命已成天下大勢，我們再加把勁，一定能推翻滿清政府！」

大部分與會人士，都沒能像往常一樣振作起精神。四年七次起義，沒有一次能傷到清朝筋骨，同盟會反倒是越打越困乏，昔日支持者：會黨（黑社會）、華僑富商似乎聽到了革命的字眼就害怕，沒多少人像起初一樣願意捐錢、捐糧搞革命了。就連昔日的會內同志，前陣子還搞了分裂，陶成章、章炳麟和同盟會分道揚鑣，重建光復會；同盟會和光復會甚至還各扯後腿，使原本就日漸枯竭的革命資源，更加捉襟見肘。

「說到底，這禍還是孫先生惹出來的……」

與會人士不乏懷著埋怨的想法，當初要不是孫先生死扒著日本人給的兩萬元捐款，堅持不肯財務透明，同盟會怎麼會分裂呢？就連黨內的第三號人物——宋教仁，對這次會議也興趣缺缺，似乎正暗自進行著什麼……

胡漢民。

感到會場的氣氛不對，孫文的秘書胡漢民也發話了：「孫先生說的不錯！我們雖歷經多次失敗，但鬥志不滅，看季新（汪精衛）前陣子憤刺滿清官、壯寫絕世詩，尤其那一句『引刀成一快，不負少年頭！』正是我輩中人表率，激勵了多少革命士氣……」

聽著胡漢民慷慨激昂並語帶哽咽的發言，部分人似有所感：「是啊！我們倒也不是一盤散沙地互鬥，大多數人還是像汪先生一樣，隨時準備為革命犧牲的！」

但也有小部分人聽了這話，心卻直往下沉：

「唉，汪精衛幹嘛沒事要搞暗殺？還不是梁啟超那傢伙一句『遠距離革命家』，說什麼，咱們革命黨只叫人送死，自己啥事不幹，結果才逼得汪精衛搞暗殺被抓！

說實在的，『遠距離革命家』的宣傳效應還在發酵中，現在大家都認為我們革命黨貪生怕死，把我們罵個臭頭……」

這時黃興說話了：「志士仁人無求生以害仁，有殺身以成仁！漢民說得好！季新的確是我輩中人表率！本來我也打算學他，去暗殺一兩個清朝大官，不過孫先生卻另有計畫，那就是……我們將聚集同盟會所有力量，再發動一次起義！」

此話一出，就像投石入湖，立刻掀起漣漪：「還要起義？」

「要在哪裡起義？你有聽說嗎？」

「投入所有力量？怎麼投入？」

「這次起義有勝算嗎？」

「大家靜靜！聽我說！」

孫文壓下場內的喧鬧，然後說：「距上次起義一年多來，我知道大家意志消沉，經費募集日漸困難、響應者也逐漸減少，更有人嘲諷我們是『遠距離革命家』，說我們是中國的亂源。這些困難我都知道，可各位同志，還記得我們為何要革命嗎？不就是救中國於水深火熱之中！使四萬萬五千萬名同胞能享受民主共和的進步嗎？如今清朝勢力日薄西山，而革命卻已成燎原之勢，只要我們能再添一把火，整個局勢將被我們翻轉，中國的明天就會到來！

所以，哪怕只有一絲成功的可能性，我們都要持續發動起義，因為只要我們成功了，那將會是新中國來臨的時刻！」

無論先前想法為何，眾人的心隨著孫文的演講沸騰起來了！

「我們的目標？」

「我們的理想？」

「只要成功了，新中國就來臨了。」

一旁的趙聲，站起來說：「我們廣東新軍的弟兄們必會共襄義舉，參與

（左）鄧澤如，（右）趙聲。

起義！」

鄧澤如則說：「我將在南洋號召僑民們贊助資金，這次必定成功！」

黃興說：「這次我將親自率隊，參與整場革命！為了中國的未來！為了我們的同胞！為了完成我們的革命大業！可有人願意隨我？一同起義！」

「我！」早有人按捺不住地揮舞雙手，表達自己滿溢的情緒。

孫文乘勢說：「這次行動伯先（趙聲）為總指揮，克強（黃興）為副指揮，我們將號召同盟會的志士們加入『選鋒』（敢死部隊名稱）的行列，直接投入革命現場！起義的地點就選在廣州，我們將在此給清政府致命的一擊！」

「所以，克強他們還是要發動起義？」在上海的宋教仁正關心南洋傳來的彙報。

「是的，而且由於這次克強的親自加入，聽說原本預計招募五百人的選鋒，竟擴增至八百人！當然，也有人說孫先生熱情的演說有很大的貢獻。」

「光有熱情是無法成大事的。」提到孫文，宋教仁就顯得不那麼關心。

「孫先生還是挺有功勞的，他的演講為我們同盟會創造不少人脈。像南洋富商鄧澤如先生，就以自己在商界的影響力，為我們募集大筆資金，聽說孫先生還想要再去美國籌款，好讓這次革命資金能更充沛。」

即便底下的人頗為興奮，宋教仁對孫文的消息，還是不怎麼感興趣，卻問：

「蔣翊武那邊的狀況如何？」

「喔！說是盡快想辦法派人來協商。」

宋教仁陷入了沉思，他固然希望起義能成功，但依照過往「邊區革命」的經驗，恐怕結果還是不樂觀。其實，若真的要一舉而竟全功，還是在長江中下游的重點城市發動「中區革命」，如此一來才有勝算。

「唉！克強，我多希望與你並肩舉事，但你們的計畫卻太過冒險跟躁進，只希望你一切平安……」

策畫

一九一一年四月，廣州城內龍旗飄揚，碼頭上，形形色色的人們正為生活奔波；城池中，熙來攘往的人群顯示了當地的活力。

廣州自秦朝起就是嶺南重地，到了清朝乾隆時期，更因獨特的「一口對外」政策，一度成為僅次於北京跟倫敦的世界第三大城。它是清朝對外聯繫的門戶，眾多廣東人因此有機會接觸西洋新知，成為歷史長河中的要角，例如洪秀全、康有為，還有孫文！

在孫文主導的十次起義中，廣州曾發生了一八九五年的乙未廣州起義，和一九一〇年的庚戌新軍起義，這並非巧合，而是因為廣東受到西方思想的風氣影響，成為清末革命黨勢力最盤根錯雜之處；加上水路交通運輸便利，提高了走私槍械的成功率。

這裡，即將迎來第三次也是同盟會最猛烈的起義行動。

四月二十三日。

廣州城內的小東營五號，黃興正與少數同志在此商談機密。

清末的廣州城西門。

「各路選鋒現況如何？」

其中一人回答：「正分批趕來，另外部分同志將單獨進城，這樣比較不容易讓人起疑心，方便隨身藏軍火進城。」

「東西呢？」

與會者立刻掀開衣服，原來每個人早就貼身藏匿小刀、手槍等武器。

「就這些？」看著為數不多的軍火，黃興露出失望的語氣。

「副司令放心！等城內人潮散去，沒那麼顯眼後，還會有人送傢伙過來，那可是喻培倫親自趕工製造的炸彈，保證開花、威力十足！」

黃興露出欣喜的表情問：

「喔？雲紀（喻培倫）到啦？」

「說起這個老喻啊……」立刻有人邊笑邊搶著接話：「他本身就那風風火火的脾氣，遇上炸彈，更是對味了！他都已經來這幾天，成天就趕製著炸彈，說是怕妨礙了大事，不自己監工不放心啊！」

黃興笑道：「有雲紀這『炸彈大王』監督，那我就安心了。」隨即又正色道：「起義迫在眉睫，我們十路選鋒、八百多名同志，最重要的就是彼此能遙相呼應、互相支援，尤其最近這幾批非廣東出身的同志，更要他們注意城內的據點配置和方位，千萬別胡衝一氣，大家立刻散去，加強聯絡跟確認軍火吧！為了避免總部曝光，大家最好少來這裡，有事跟城內的林時爽聯繫。」

「是！」

隨著各同志陸續散去，黃興獨自一人躺臥在小床上，內心想著：

「冷靜！冷靜啊！黃克強！成敗就在這幾天了！」

＊＊＊

此時在美國，孫文也正努力著。

「什麼？怎麼就不出貨了？要知道那可是馬克沁機槍！是重要火力來源！若

是沒送到廣州，克強他們用什麼來起義啊？原本不都講好了？他們怎麼反悔了？」

「孫先生您先別生氣，商家說了：『你的貨款沒付清，他們就不出貨。』」

孫文拍桌怒問：

「致公堂不是說要幫忙付清款項嗎？」

「這……似乎他們還沒付費。」

「豈有此理！我去找他們說去！」

馬克沁機關槍（水冷槍）。

孫文趕忙去到附近的致公堂分部，「來者何人？」一踏進致公堂門口，立刻有人迎上前來詢問。

孫文不答話，卻將自己的左右手的「拇指直伸」，然後「食指第二指節」彎曲，其餘「三指」直伸，之後「三指尖向上」擺在胸前，行禮鞠躬。

這是洪門的秘密禮儀：三把半香，是每位成員見面相認時的基本禮儀。

守門人見狀，暗想：「原來是燒『三把半香』的朋友。」連忙也回敬了三把半香，客氣地問道：「不知朋友找誰？」

孫文說：「請二路元帥說話。」

香堂內，煙霧繚繞，在坐著枯等之際，孫文回想這幾年的際遇，一時百感交集……

想當初，為了方便對美國華僑宣傳革命理念以及募款，他毫不猶豫地加入致公堂，也就是以前的反清組織——洪門。

這幾十年來，華工到美國當「豬仔」的人數越來越多，為了聯絡彼此情誼，往往都會成立組織，彼此好有個照應，其中洪門因為歷史悠久，就成為美國華人最具影響力的會黨組織。

重點是這個會黨對孫文搞反清運動特別有興趣，一開始可是支持不斷，甚至把孫文提升到「紅棍」，也就是排行第三的階級。但這幾次起義的失敗，洪門中人對革命的支持也日漸冷淡，甚至聽說現在分堂的首領——二路元帥*，就對他很是感冒……

「孫先生久等了！」

二路元帥的聲音中斷了孫文的思緒，「孫先生抽空來到這裡，可有要事？」

孫文趕忙說：「請二路元帥幫忙，之前龍頭大哥曾答應我，請各香堂撥出資金，援助這次起義，但現下有一批款項卻尚未付清，不知貴堂可否盡快將款項補上？」

二路元帥一聽孫文此話，不禁低吟了一會兒，然後說：「我說孫先生啊，距離起義開始也沒多少天了，就算現在把錢補上、出貨了，也沒法趕上不是嗎？」

孫文反駁道：「話不是這麼說的，雖然趕不上起義，但起義成功之後呢？不還是需要軍火支援嗎？之前的三洲田起義，本來我們已經攻占縣城，就是後續軍火接濟不上，最後才功虧一簣！我告訴你，花在革命上的錢，哪怕是多那麼一分錢，就多那麼一分成功性！現在只要你把錢補上、武器到位，還怕起義不成功嗎？你這可是在投資未來的國家，沒有什麼投資比這更划算、更能賺取利潤了！」

二路元帥見孫文如此情切，只好說：「既然孫先生這麼說了，那我自當盡快補上餘款，請先生放心。」

孫文臉色稍緩，然後戴上帽子說：

「對不起！說起革命我總是比較容易激動，致公堂眾會友對起義的接濟，孫文都謹記於心，這次大事一成，定能將當初募來的革命債卷，連本帶利地還給眾人。

＊洪門或是三合會內部的階級：一、龍頭大哥，總領袖；二、二路元帥，各地分堂的堂主；三、紅棍，負責武力的高級成員；四、白扇子，軍師的角色；五、草鞋，負責在各地連繫；六、四九仔，基層會員；七、藍燈籠，非正式會員，但與洪門保持一定的關係。再順帶一提，鑒湖女俠秋瑾也有加入，她的位階是白扇子。

「抱歉！我還需要去找龍頭大哥，就不多說了！記住，盡快將款項補上。」

「孫先生放心。」

隨著孫文身影的消失，一直躲在暗處的會黨人員竄了出來：「元帥，真要把那筆款項補上？」

二路元帥哼了一口氣道：「那是我敷衍他的！起義了這麼多次，也沒看到什麼成果，錢倒是沒少拿過，你說咱們的會員，都是幹什麼的？不都是洗盤子、做苦力、挖煤礦的？平常已經窮得快揭不開鍋，哪來那麼多餘錢贊助啊？」

二路元帥又哼了一口氣，繼續說：「你知道人家怎麼叫他孫文？孫大炮！知道啥意思嗎？就是說得好聽、吹得厲害，就那張嘴行！你要聽他說什麼投資未來國家是一本萬利，哪天被他吸乾了還不知道！總之，錢，一毛都別撥出去！」

＊＊＊

隨著起義日期日漸逼近，四月二十四日的深夜裡，在福建的一群人也正準備前往廣州。

「意洞，我們該啟程了。」

林覺民聽到同志的提醒，立刻回答：

「你們先收拾，我隨後就跟上。」

「那要快點啊！你可是我們福建選鋒的領隊，大家可都等你動作呢。」

趁眾人離開後的空檔，林覺民遞過一紙書信，交給他的委託人：「勞煩將這封家書交給我父親。」

說罷，又從懷中揣出一條手帕，如果仔細看，這手帕還寫滿了字。

「這……交給我的妻子。」

這是林覺民心中唯二的牽掛，而此時林覺民卻只能割捨自己的情感，以求純粹的覺悟。

「走吧，去廣州與大家會合！」

林覺民。

四月二十六日，香港碼頭。

方聲洞正做最後的確認，因為他必須將眼前的軍火，趕快送到廣州支持起義。

「子明，你真的不多考慮一下？你才新婚不久……」

「夠了！」

方聲洞打斷友人，接著說：「我早考

方聲洞。

慮過了，別像福建那群人一樣囉嗦好嗎？我可是好不容易才爭取到運軍火的任務，何況大家哪幾個沒有妻小？聽說黃副司令從南洋招募來的同志，還有人年紀比我小哩！」

「那，保重！」

方聲洞長呼了一口氣，對著眼前的同志，更對著遠方那關愛他的人，說：「保重！」

革命黨人集結之際，廣州城的兩廣總督衙門內，清朝官吏們也群聚一堂議事。

「李大人能逃過亂黨暗殺，不僅是你個人之幸，更是咱們廣州城之福啊！要是你有個萬一，無人可鎮守這危卵之地啊！不知李大人身體有恙否？」

廣州水師提督李準，想起日前那一場暗殺，至今仍是冷汗直流……那天當廣州城大部分官吏都前去觀賞一場飛機表演，同盟會會員溫生才突然半路殺出，對著一頂官轎連開數槍，當場擊斃廣州將軍——孚琦！

但落網後的溫生才卻說：「其實我本來是想暗殺李準，因為此人多次破壞我們的起義行動，本以為他會乘官轎，誰知道我竟打錯人了！可惜！」

「要不是亂黨搞錯，我何止身體有恙？連坐在這聽你講話的命都沒有了！」

雖然心中暗罵，不過李準還是恭敬地拱手答道：

「謝總督大人關心，卑職沒事。自李某擔任水師提督以來，早不知遇到多少次亂黨的暗殺，不過今次不同以往，我收到消息，說亂黨似乎又要有所行動，依最近廣州附近水路交通出現眾多外來人士，還有眾多走私販子行動頻繁，再加上近來的暗殺行動，卑職相信，恐怕廣州城，近日有變！」

擔任兩廣總督的張鳴岐，一聽到李準的猜測，瞬時神色大變：「那李大人，你可有預備？」

李準說：「卑職早就想過，廣州城現只有兩個營駐紮，不足以防範動亂，我早已另調派兩個營協防（清朝一個營人數約六百人），並差遣將士們占據觀音山，此乃廣州城的制高點，只要此地在手，定能居高臨下，制住亂黨的動作。請總督加強廣州城內的搜捕，將潛入城內的亂黨一網打盡！」

張鳴岐拍桌道：「好！就依你所見，加強廣州城的守衛兵力及搜捕！另外，嚴格盤查進出廣州的外來人士，並搜捕城中亂黨，務必叫他們無所遁形！」

時間來到決定性的一刻，那就是一九一一年四月二十七日（農曆三月二十九日）……

前夕

一九一一年四月二十七日，這天廣州城內的氣氛顯得異常凝重，巡警嚴厲監控著眼前的一舉一動，民眾也因著這不尋常的氛圍，以及早已聽聞在街坊流傳的亂黨將有所行動的小道消息，減少外出的機會。

下午五點左右，有一個人保持戒備地走在廣州街頭。他的名字叫莫紀彭，中國同盟會的成員，原本十路敢死隊的隊長之一。

當初黃興策畫起義時，曾打算把八百名選鋒分成十路，分別是：

一路黃興，率一百人攻兩廣總督衙門。

二路趙聲，率一百人攻水師行台。

三路莫紀彭、徐維揚，率一百人攻督練公所。

四路胡毅生、陳炯明，率一百人防截旗界、占領歸德門與大南門。

五路黃俠毅、梁逸，率一百人攻警察署、廣中協署、守大南門。

六路姚雨平，率一百人占領飛來廟、攻小北門、迎新軍。

七路李文甫，率五十人攻旗界、石馬槽軍械局。

八路張六村，率五十人占領龍王廟。

一八六〇年代的廣州市街。

九路洪承點，率五十人破壞西槐二巷炮營。

十路羅仲霍，率五十人破壞電信局。

黃興的計畫，就是先癱瘓廣州城內的武力組織，然後迎接城外的廣東新軍。這個概念是挺不錯的，可人數實在是少了點，尤其我看到「率五十人占領龍王廟」這一段，總覺得這比較像幫派鬥毆啊！

溫生才的暗殺行動，卻使清朝官員揣測革命黨有起義的可能性，因此在城中進行強力搜捕，並監控著水路交通，造成同志間聯絡狀況不順。而且大批軍火無法順利到手，原本的十路敢死隊計畫，完全被破壞！

黃興只好根據實際狀況，調整成四路敢死隊：

第一路：黃興小隊，率領同盟會菁英一百二十多人，是攻擊主力。

第二路：姚雨平小隊，人數約一百多人，負責接應親革命黨的新軍。

第三路：陳炯明小隊，人數約一百多人，負責攻打巡警教練所。

第四路：胡義生小隊，人數約一百多人，負責阻斷城內清軍聯繫。

以及最搞不清楚狀況的支援隊伍：趙聲、胡漢民小隊，人數約二百人；但此時，這個小隊不在廣州城內，而在香港一帶……

什麼？趙聲不是行動總指揮嗎？他怎麼竟然沒進到廣州，還帶著二百多人在

一九一〇年代的廣州市街。

香港附近晃蕩啊？

這一切都是因為眾多突發事件，導致同盟會陣腳大亂！

原本黃興看到清朝援軍開進了廣州，風聲很緊，想要延遲起義時間，所以趕快告訴趙聲：「省城疫發，兒女勿回家（廣州有狀況，兄弟們別來了）！」

於是這支隊伍撤離廣州，豈知不料在幾小時後，胡義生、陳炯明卻又告訴黃興：「底下的同志按捺不住，急著要起義了！」

黃興只好趕快再發消息給趙聲：「母病稍痊，須購通草來（還是要搞起義，趕快回來吧）！」

朝令夕改的結果，導致在起義當天，無人能掌握支援隊伍的蹤影。

「唉，狀況這麼多，不知克強他們還要起義嗎？」

懷著如此的疑惑，莫紀彭再做一次確認，直到肯定沒有巡警跟蹤後，他拐進了黃興小隊總部所在地——小東營五號。

映入莫紀彭眼簾的是正忙著擺放炸彈的喻培倫，還有看上去淡定、但隱藏不住豪氣的黃興，以及忙進忙出的革命黨人。

「老喻，近來可好？」

面對莫紀彭的問題，喻培倫苦笑著回答：「為了搞定炸彈，我已經三天沒睡了。」

莫紀彭又對著黃興問：「克強，今天真要動手了嗎？」

黃興說：「當然！大家都已經準備好了，豈能臨陣退縮？」

就在此時，莫紀彭不自覺地把眼光投向正在整理軍火的同志。

以下是黃興小隊的軍火狀況：

駁殼槍　極少

短銃　若干把

小刀　數百把

炸彈　三大箱

我看到這個武器種類及數量，第一個感覺是：「暈了！真的要暈了！就只有這些傢伙？」

先說說小刀吧！就算在CS的遊戲世界中，除了突發狀況以及近戰以外，這幾乎是不會用到的武器，結果竟然是革命黨在黃花崗起義的普遍武裝！

當然，大家要了解，在當時搜查嚴謹的狀況下，小刀無疑是最廉價也最容易隨身藏匿的兇器，可一想到革命黨竟然是「數百把小刀鬧革命」……唉！克強你要保重啊！

再說「短銃」，也就是手槍。由於史料上革命黨人並沒有記錄他們使用何種類型的手槍，而且因為是偷渡以及自行夾帶進城，估計做不到制式統一的要求。

我大膽猜測，革命黨可能是使用柯爾特單動式陸軍左輪手槍，或是納甘M1895左輪手槍。前者是美國在一八九二年以前陸軍的制式配備，後者則開發於一八八六年，甚至在義和團事件中出現中國，依照這兩款手槍在世界的流通程度以及服役時間，應該是革命黨最可能使用的手槍。

這裡要告訴各位，現在的左輪手槍（一九二〇年以後開發製造），可以把裝子彈的「彈倉」（也就是轉輪）撥出，之後再用快速裝彈器，一口氣裝上六發子彈；清末開發出來的左輪（一九〇〇年以前開發製造），「彈倉」無法撥出，想裝子彈，只能夠把單發子彈一顆顆地塞進彈倉。

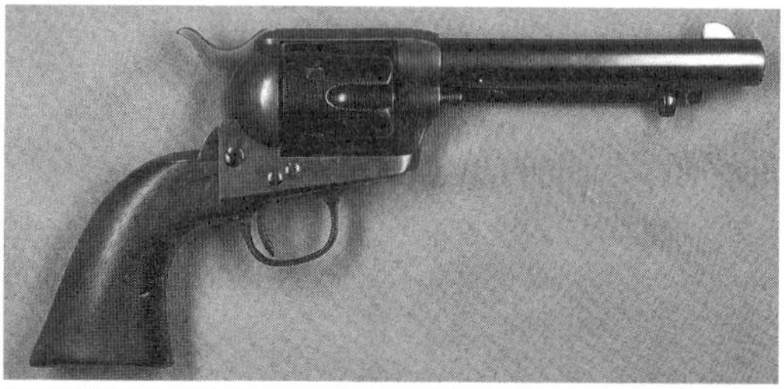

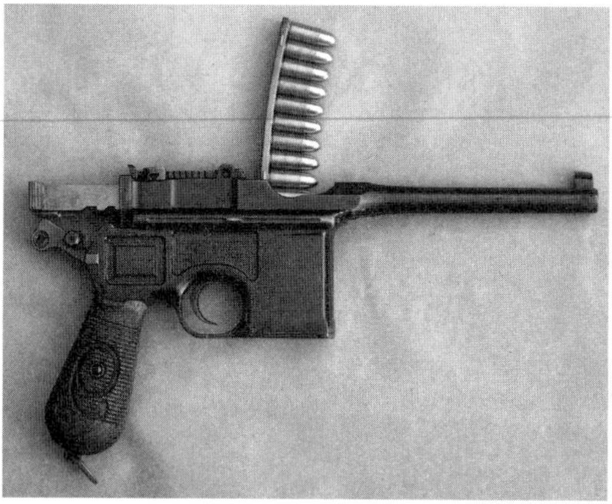

（上）柯爾特單動式陸軍左輪手槍。© wikipedia/Hmaag
（中）納甘 M1895 左輪手槍。© wikipedia/DL24
（下）毛瑟 C96，又稱駁殼槍。© wikipedia/M62

各位想像一下：

在一片槍林彈雨的混亂下，你還要從腰帶或懷中摸出子彈，之後一手撥動轉輪，另一手困難地塞子彈……想起來就艱辛又麻煩啊！

正因為當年的左輪手槍如此不方便，所以我要隆重介紹以下的武器：

駁殼槍，真正的名稱應該是毛瑟C96手槍（在中國，又稱為盒子炮、快慢槍）。

此槍一八九九年開始服役，對一九一一年發起黃花崗起義的革命黨來說，是極為新穎的武器，更重要的是：駁殼槍是屬於半自動手槍！

單動式的左輪手槍，每次射擊前，要先把「擊鎚」扳至定位上膛，之後才能發射，這大大影響了連擊速度；半自動手槍，只要扣一下扳機就能打一發，由於少了一個準備動作，大大地提升連擊速度！

除了開槍速度的差別，清末的左輪手槍，須一發一發地裝子彈；而駁殼槍已經開發出裝填十發子彈的「彈夾」，每當子彈用完立刻插入彈夾，然後又是十發子彈過去！這麼令人暢快實用的高級武器，只有敢死隊的重要幹部才有機會拿到。

武器的匱乏是個問題，但更大的問題是：參與黃花崗起義的革命黨，大部分都是缺乏作戰經驗的文青，武器雖然拿到手了，但這些革命黨員不、會、用！

當莫紀彭觀察著軍火時，革命黨人士譚人鳳正在撥弄短銃，好像不會操作的

譚人鳳。

樣子，這時黃興立刻搶下他手中的短銃，並說：「譚鬍子不要鬧！」

才剛說完……嘣！一發子彈走火射出，把牆壁打穿了一個洞！

黃興又罵道：「譚鬍子不要再鬧！已經有人因為錯發子彈受傷了！」

莫紀彭好奇地問：「啊？有人受傷了？」

旁邊的同志就說：「對啊，我帶你瞧瞧！」說完，打開一個房間，房裡有一個人，已、經、被、打、穿、左、腿、了！

唉……武器不多又不懂得使用，革命黨人起義，怎麼好像兒戲啊？

「克強好好保重！」

莫紀彭勉強鎮定心神，然後在確定黃興等人的行動之後，決定先行離開，聯絡其他地方的同志。

而他離開不久，又有人來拜訪黃興小隊了。另一個敢死小隊派了一個傳話員來到總部詢問：「ㄟ……今天要不要發動起義啊？」

此時離起義，還剩十分鐘……

這是什麼情況？都起義前十分鐘了，革命黨之間竟然還不清楚狀況！更離奇的是，傳話員問完這句，然後看了黃興小隊的狀況後，啥都沒講就回去了。

這個該死的傳話員，竟然沒有交代另一小隊的口訊：「眾多小隊都不能發起行動，有沒有考慮先按兵不動啊？」

結果，黃興小隊在沒有收到訊息的情況下，義無反顧地出發。而另一個敢死隊行前喊卡，幾乎沒有參與起義！

重點是：「知道是哪個小隊想緊急取消行動嗎？」就是第三路：陳炯明小隊。當初說趕快起義的是他，喊取消的也是他，是想逼死誰啊？

由此我們再度看到，起義當天革命黨聯絡錯亂的狀況。再把焦點轉回到莫紀彭，走出屋外後，他立刻察覺到：附近有巡警！

接下來十分鐘，莫紀彭焦急地甩脫巡警的跟蹤，但也耽誤了時間。

「糟了！現在我到底是要往哪裡？跟誰會合……」

正當莫紀彭舉棋未定時……

崩！一陣沖天爆炸聲傳來！莫紀彭一陣愕然。

「起、義、開、始、了？」

這一天，是一九一一年四月二十七日，依農曆換算是清宣統三年三月二十九日，同盟會最悲壯的起義終於正式展開！

激鬥

莫紀彭走出屋外後，不久，一向負責打探消息的林時爽返回總部。「要行動了嗎？」

黃興說：「大家準備！」

所有人一聽到指示，首先就把辨別身分的「白布」綁在右臂，接下來分發武器，有槍拿槍、沒槍拿刀，另外各拿火把、號筒，到時好壯聲勢！

喻培倫也趕緊分發炸彈，自己更拿起一顆特大號的炸彈，準備親自操作等一下的爆破，「大家聽好，等一下去到總督衙門，雲紀首先引爆炸藥，開始行動！之後率領十位同志守住門口，其他人立刻衝進去格殺所有反抗衛兵！更重要的是活抓張鳴岐，癱瘓韃子對廣州城的指揮能力！」

「是！」

所有人回應了黃興後，邁開步伐，展開行動。

這一刻是一九一一年四月二十七日的下午五點三十分。

此時廣州城的天色將暗未暗，正如這次起義的可能性，明晦難辨。可黃興小隊的步伐卻沒有一絲猶豫，沒一會工夫，黃興已看到他們的目標——兩廣總督衙門。

開始吧！

黃興首先連開三槍，並高喊：「起義！」

隨著黃興的開場，喻培倫一聲令下：「爆破！」

嘣！炸彈瞬間爆破兩廣總督衙門的牆垣！

第一路敢死隊立刻衝進裡面，目標：生擒兩廣總督——張鳴岐！

「狗官！快出來束手就擒！」

革命黨人立刻槍斃試圖抵抗的衛兵，而且迅速搜尋張鳴岐的下落，但是……

「什麼？你再說一次！」

革命黨拿槍抵著一個僕役，僕役一邊顫抖，一邊說：「好……好漢爺饒命！我剛剛不都告訴你，張……張大人翻牆逃了！」

「什麼？這姓張的手腳真快！」

聽到這消息，黃興知道他們的斬首行動失敗了，只好轉身跟人說：「立刻撤出這裡！與城內同志會合作戰！」

跟在黃興身旁的林時爽，立馬對身旁的人說：「跟我上，先衝出去！」

結果剛走出門口，林時爽一陣訝異：「ㄟ？留守的喻培倫他們去哪了？」

還來不及思考，林時爽就聽到一陣急促但整齊的腳步聲：「部隊聽令！跪射預備！」

來者竟是水師提督——李準，以及他的親兵部隊！

林時爽看到大隊人馬，立刻衝出去說：「對面的兄弟們！咱們都是漢人，該合作一起推翻這腐敗的滿清……」

嘣嘣嘣嘣嘣嘣嘣！

清兵哪管你喊啥？當場就是一陣亂射！林時爽，當場頭部中彈身亡！

（老ㄕ：戰場中不先想著掩護，竟然衝出去搞勸降？時爽兄是天真還是浪漫啊？）

嘣嘣嘣嘣嘣嘣嘣！

清兵繼續規律地射擊，瞬間壓制了革命黨的行動，驚恐的眾人開始騷亂起來：「糟了！沒法還擊啊！」

「我們衝不出去！要被困死了！」

「別怕！跟我上！」伴隨豪氣的聲音，一人手持雙槍而出，關鍵時刻還是只

林時爽。

能靠他！黃克強！

別看黃興是個胖子，人家可是武術高手，加上手上拿著半自動駁殼槍，真是猛人一個！在他的雙槍縱橫下，立斃清軍數人！

「快！跟著隊長射擊！」

領導都這麼猛了，基層人員再不回應就說不過去了。

眾人也跟著猛烈開火，一時聲勢大振，並逐漸扳回劣勢。

看到亂黨竟如此兇狠，李準怒指著黃興：「瞄準那個亂黨！上膛！射擊！」

唰！煙硝彌漫中……一發子彈正中黃興的右手！打爆了他的食指跟中指！

「啊～～～～～」黃興痛得彎下身軀。

「隊長！你的手？」

「別管我！不礙事！」

雖然嘴巴上強撐，但黃興知道這一槍讓他重創，而且要是他沒能振作，整個小隊的士氣又會被打垮！到時大家都……

「幫我拿住槍！」

一旁的人茫然地接過黃興的駁殼槍，然後他們看到黃興隨便拿一塊布堵住傷口，接著竟然用右手無名指扣上了扳機，又是一陣怒吼：「射擊！」

「射擊！」
革命黨人的血液沸騰了！
此時不拚命，更待何時！嘣嘣嘣嘣嘣嘣嘣嘣！隨著又一陣猛烈交火，李準有些動搖了……
「想不到亂黨鬥志如此驚人？與其在此兩敗俱傷，不如……」李準說：「部隊注意！射擊後，立即後撤！射擊！」
清兵忠實地執行這個任務，然後簇擁著李準退去：「且讓你們逃過這一仗，看你們能躲過觀音山上重兵的攻擊不成？」
想到早已準備的戰術，李準那被煙硝髒汙的臉上，不自覺地露出冷笑……
就在李準得意之際，有一群人正接近觀音山，帶隊者正是炸彈大王——喻培倫！
原來喻培倫眼看總督衙門被攻破，立刻想到：「觀音山乃是廣州城的制高點，若沒拿下此處，到時清兵居高臨下射擊，我們必定死傷慘重！」
於是喻培倫立刻跟他身旁的人說：「走！一邊搶攻觀音山，一邊召集尚未行動的同志。」
才動身沒多久，觀音山上立刻傳來陣陣槍響。
「清兵果然占住了觀音山，我們要趕快，不能再拖了！」喻培倫連忙吹響手中的號筒。

「嗚～～～嗚～～～嗚～～～」激昂的響聲，既壯聲勢，又是號召同伴的訊號，這時喻培倫眼前出現一個熟悉的身影，他連忙喊道：「老莫！還不趕快動作！」真是患難遇故知，來者正是莫紀彭！

原來莫紀彭聽到起義的爆炸聲後，又是一陣亂兜，好不容易找到兩個隱藏的革命黨員，結果聽到號筒聲後，連忙趕來助陣。

「老喻！我這不就來了嗎？」

「來得好！隨我一起拿下觀音山！」

好不容易趕到山腳下，清兵早已察覺了他們的動向，「阻止亂黨搶山！上膛！射擊！」

「立刻搶攻，攻啊！」

雙方開火時，武器的決定性差異出現了！

革命黨人拿的短銃，最大射程大約是二百公尺，而清軍拿的「排槍」（也就是步槍），最大射程是二千公尺！

這下可好了，革命黨的子彈根本打不倒對方，清兵倒是打得不亦樂乎，占盡了優勢。

這時隊伍中的一位同志劉梅卿，他建議：「咱們這樣開槍只是浪費子彈，但不守在這裡，山上的清兵就會衝下來；不如我留在這裡扔炸彈，一方面牽制，一方

面壯聲勢。」

「這主意好！」

喻培倫解下身上的炸彈交給劉梅卿，並對其他人說：「我記得總部還有一些炸彈，不如我們回去拿。」

話才剛說完，山上的清兵又展開一陣猛烈的射擊……

鏡頭轉回到黃興身上，好不容易擊退李準的親兵，黃興立即指示：

「大夥趕緊分散成不同小隊，一方面使對方無法掌握我們的動向，另一方面試著和城內其他人馬聯絡！

現在分配任務：

徐維揚率花縣同志數十人出小北門，準備與新軍接應。

林覺民率川、閩及南洋同志，進攻督練公所。

方聲洞等十餘人跟我走大南門，去迎接援軍。」

「是！」於是眾人立刻分成不同小隊，而這也是黃興和他選鋒成員的死別……

方聲洞心裡很激動，不只是他被分配到黃興小隊的前鋒位置，還有在那之前林時爽的死。

「等一下遇到清兵，我一定毫不猶豫地開槍！」剛想完，突然一個清朝的巡防營向著黃興小隊衝了過來……

「大家跟我一起開火！」

方聲洞一聲吶喊，隨即子彈射出！

咻！這一槍正中防營隊長的腦門！

巡防營的隊員們悲憤地怒吼：「隊長！快開槍打爆那些渾蛋！」

嘣嘣嘣嘣嘣嘣嘣嘣！

一陣呼嘯，方聲洞連中數槍、當場身亡！

「子明！不！」後面趕上的黃興，一聲慘叫之下，也開槍射擊。

「為隊長報仇！」

「敵人兇狠，立刻開槍！」

嘣嘣嘣嘣嘣嘣嘣嘣！

於是，整個三二九起義中，最悲劇的衝突開始了！

因為被方聲洞爆頭的清朝軍官：

姓名：溫帶雄

職業：廣東新軍哨官

兼差：反清組織「洪門」成員、新軍的革命派人士

悲劇啊！溫帶雄帶來的這夥人是來搞革命的啊！可是溫帶雄在進城時，為了怕起義的企圖被人察覺，並沒有叫手下戴上辨別身分的「白布」（也有一說，是溫帶雄以為革命黨已經掌控大局，不需要特別再戴白布了）。

更搞笑的一點，溫帶雄一看到眼前的革命同志，興奮地大喊：「兄弟！兄弟！不要走開！」

結果，方聲洞給他的回應卻是一槍爆頭！

為何會發生這種狀況呢？因為溫帶雄是廣東人講廣東話，方聲洞這福建人根本就聽不懂啊！

結果溫帶雄死了、方聲洞死了！雙方起衝突，打掛了不少人，也打掛起義最後的可能性。（難怪從小到大，總是有人會說語言很重要啊！）

在歷經亂槍打鳥、死傷數人，加上隊長陣亡、無人領導的情況下，巡防營混亂地撤退，而黃興小隊歷經這一番意外，也被徹底地衝散……

廣州城內一片混亂之際，陳炯明也想有所行動：「想不到黃副司令還是行動了！趕快出來支援！」

但沒想到隊伍才開了幾槍，立刻就有人叫：「競存（陳炯明）！咱們彈藥不夠了！」

「什麼？怎麼才一下就沒彈藥了？」

陳炯明。

「當初清兵們查得緊，本來就沒能帶進多少火藥，我們又沒能確定是今天起義，沒能再緊急抽調……」

「現在說這些有啥用！」陳炯明無奈地望著陷入烽火的廣州城，一咬牙，轉頭向隊伍說：「既然彈藥不足，那我們加入也只是送死，大家聽令！立刻撤出廣州，保存實力！」

命令一下完，陳炯明只能在內心暗自祈禱：「城內的同志們，別怪我，只求你們能平安！」

話說喻培倫等人正要轉移陣地時，山上槍聲大作。

「啊啊啊啊！去死吧！」

劉梅卿看到此景，憤怒地狂扔手上的炸彈，一時之間，子彈聲、爆炸聲、喊聲、喘息聲……此起彼落地交織成死亡的樂章！

不知不覺地，聲音漸漸微弱……

「嗯？敵人的槍聲好像沒那麼猛了？」

「ㄟ？劉兄弟似乎也沒扔炸彈了？」

這時劉梅卿的聲音傳來：「我的炸彈扔完了！好像是天色暗了，對方看不清楚也不想亂開槍了。」

「劉兄弟嗎？趕緊會合啊！」

隨著劉梅卿的歸隊，眾人決定：「趁現在，走！」

於是喻培倫一行人迅速地跑走，歷經一番折騰後，總算回到了總部。

「先清點一下人數吧。」

經過莫紀彭的數點，一共還有二十位左右的同志。

「依我們的人數，正好可組成一個小隊，這樣好了，我們推舉喻培倫當隊長如何！」

「好！」

在眾人贊同聲中，臨時隊長喻培倫對莫紀彭說道：「老莫！陳炯明的分機關裡，一定還有很多同志沒出來，不妨去請他們來參加。」

「好！我這就去！」

過了一會兒，莫紀彭趕回來說：「陳炯明的據點裡，除了兩位女同志，並沒有看到其他人啊。」（此時陳炯明小隊已經撤退了！）

這時又有人說：「奇怪？姚雨平小隊不是要接應新軍？怎麼到現在還不曾見到新軍響應呢？」

別提了！姚雨平小隊在起義當天也搞不清楚狀況，估計跟陳炯明小隊一樣，放個幾槍就沒氣了！所以原本要一起起義的新軍也就沒了動作。也就是說，整個廣州三二九起義，從頭到尾就是黃興這一百二十人在廣州城裡奮戰，其他小隊都在瞎忙。

莫紀彭說：「新軍的人我熟識的很多，不如我們爬出城牆，向東門附近的新軍求援好不好？」

喻培倫隨即說道：「就這麼辦！老莫你來帶路！」

同樣是廣州城，當中央地區及南大門地區因起義而烽火連天之際，東門卻相對平靜，但未知的黑夜中遠處傳來時強時弱的廝殺聲，更讓人難以安定心神。帶隊的莫紀彭很緊張，在武裝稀少、而且眾人都帶有輕重傷的情形下，他們實在無法再應付和清兵的衝突。

「什麼人？站住！」

命運似乎今晚很愛捉弄著革命黨，怕什麼就來什麼，巡警發現莫紀彭等人的蹤跡了！

莫紀彭立刻跟後面的隊員說：「找掩護！開槍！」

然後，喻培倫小隊與巡警們足足交火了半個多小時，好不容易莫紀彭擺脫了巡警的攻擊，卻發現：「咦？老喻等人呢？難不成被衝散了？可惡！看來只好想辦法先出城再說了。」

莫紀彭無奈地在暗夜裡獨自行動，他不知道，自己將是整個小隊最幸運的一個人……

＊＊＊

喻培倫等人和莫紀彭失散後，由於非廣東人，所以路徑不熟，始終走不出東門。

「我們到底在哪裡啊？」

「看情況，我們好像繞到北門了？」

「噓！噤聲……清兵來了！找掩護！」

面對清軍的大隊人馬，喻培倫等人是再也衝不出去了，只能先闖入一家米店，並用米包代沙包，與前來攻擊的清兵作殊死戰。

在一陣激戰後，天亮了！但這不是屬於革命黨的黎明，而是死神對革命黨勾魂的信號。

舉目望去，清軍有四百多人，而革命小隊的同志只剩八、九個人了。

「看情形，清軍要用火攻威逼我們了。」

喻培倫一邊解釋情況，一邊掏出所有的炸彈，裹在一起：「趁著對方還在準備時，我掩護，大家往外突圍！」

「老喻……」

「別說了！準備……走！」

就在突圍之際，喻培倫突然覺得，眼前的一切似乎開始凝結……

清兵上膛發射的動作、同志中彈倒地的掙扎、飄散於空氣中的煙硝、耳畔傳過來的聲音……

「這是我最後能做的事了！」只見喻培倫揣著炸彈、大步邁出，義無反顧地拉開引線！

「轟」一聲！成就了炸彈大王留在世間的驚嘆！

「要小心些，說不定城內還有亂黨。」

「老哥你也太小心，你瞧瞧都天亮了，亂黨早死光了，哪能出來現身？」

廣州南大門附近，七、八位清兵奉命巡邏，不過隨著天明，還有城中騷動漸漸平息，看來勝負已定，巡邏也就不必太認真了！

「咦？等會兒！你看這有血跡！」

「說不定是亂黨中彈後，一路掙扎，竟躲進房子裡了。」
「進去查查，找到屍首那可有賞金咧！」
清兵踹開民房，小心翼翼地觀看房內的狀況，「好像沒人？」
「滓！空歡喜一場……」
咻！突然一個身影騰空而起，並揚起手中雙槍，連發子彈！清兵們在還沒搞清楚狀況下紛紛中彈倒地。
「呃……」
最後一位倒下的清兵，臉上滿是驚愕，隨著沉重的眼皮不自覺地落下，他好像看到，一個右手受傷的胖子，奮力地衝出城門……
隨著天色漸明，由起義總指揮趙聲、孫文的秘書胡漢民率領的起義支援部隊，終於趕到廣州！但他們發現，廣州城已被清兵嚴密守衛，胡漢民感嘆：「太遲了！此地不宜久留。」趙聲感到一陣暈眩：「大事不成！難道老天竟不助我？」但無論有多無奈，兩人也只能指揮部隊，迅速撤退。
至此，一九一一年四月二十八日，同盟會的廣州起義，正式宣告失敗。

訣別

「帶人犯！」

「跪下！」

廣州起義後，城內處處可見激烈戰鬥的痕跡，革命黨早已一敗塗地，清兵正重新掌握秩序。

看著總督衙門被炸毀的牆垣，坐在官案之上的張鳴岐仍一陣心驚：「娘的！要不是我翻牆夠快，這條老命早沒了！」想起當初的狼狽樣，張鳴岐趕忙抓起案上的驚堂木一拍！

啪！清亮的響聲，讓他多少找回朝廷命官的尊嚴，然後喝道：「堂下所跪何人？」

衙役唱名：「亂黨，喻培倫！」

喻培倫並沒有死於那場爆炸，不過情況也沒好到哪裡去，之後他因筋疲力竭被清軍逮捕。

張鳴岐心中一凜：「他就是那窮兇極惡的『炸彈大王』？」

面對眼前這死不要命、還製造一大堆暗殺爆裂物的亂黨，也沒什麼好說的。

「馬上拉出去斬了！」

臨刑前，喻培倫高喊出他最後的心聲：「學術（指民主革命理論）是殺不了的！革命黨人尤其是殺不了！」

「炸彈大王」喻培倫，死於廣州黃花崗起義，得年二十四歲。

「堂下所跪何人？」比起前面的喻培倫，眼前這位亂黨相貌堂堂，張鳴岐就覺得順眼得多。

「我叫林覺民……」

聽著眼前的人侃侃而談，張鳴岐是張大了嘴巴，因為，「老兄你講什麼話？我是一句都聽不懂啊！」

原來林覺民是福建人，所以張鳴岐這山東人聽不懂他講的方言。知道眼前的官吏聽不懂，林覺民在後來的答辯索性說起流利的英文，如此膽量及才氣，讓張鳴岐覺得：「是個人才，真想讓他為我們大清效力！不過，看情況他是不會屈服的，雖然可惜，但……判！斬立決！」

林覺民悠然起身，他有著大事不成的遺憾，可臨死前的一刻，他回想起屬於自己的牽掛……

「爹、娘、孩子、意映……永別矣……」

同盟會成員林覺民，得年二十四歲。這位革命書生在起義前留下了他的心聲——〈與妻訣別書〉。

為了方便大家閱讀清末的歷史，我嘗試著將搜尋到的資料，並以較為白話易懂的方式轉述，但林覺民的〈與妻訣別書〉會是個例外。因為當我看完整篇書信，發現自己實在無法懂得，一個人是下了多大的決心，去捨棄成為一個好丈夫、好父親的機會，而甘願犧牲性命……

以下列出原文，讓大家一起來體會：一個本有著無限美好前程的年輕人，是如何將他的不捨、掙扎、激情、志向、盼望……種種複雜的情緒，投入在那紙書信中吧！

〈與妻訣別書〉

「意映卿卿如晤，吾今以此書與汝永別矣！吾作此書時，尚是世中一人；汝看此書時，吾已成為陰間一鬼。吾作此書，淚珠和筆墨齊下，不能竟書而欲擱筆，又恐汝不察吾衷，謂吾忍舍汝而死，謂吾不知汝之不欲吾死也，故遂忍悲為汝言之。

吾至愛汝，即此愛汝一念，使吾勇於就死也。吾自遇汝以來，常願天下有情人都

成眷屬；然遍地腥羶，滿街狼犬，稱心快意，幾家能彀？司馬青衫，吾不能學太上之忘情也。語云：仁者老吾老，以及人之老；幼吾幼，以及人之幼。吾充吾愛汝之心，助天下人愛其所愛，所以敢先汝而死，不顧汝也。汝體吾此心，于啼泣之餘，亦以天下人為念，當亦樂犧牲吾身與 汝身之福利，為天下人謀永福也。汝其勿悲！

汝憶否？四五年前某夕，吾嘗語曰：『與使吾先死也，無寧汝先我而死。』汝初聞言而怒，後經吾婉解，雖不謂吾言為是，而亦無詞相答。吾之意蓋謂以汝之弱，必不能禁失吾之悲，吾先死留苦與汝，吾心不忍，故寧請汝先死，吾擔悲也。嗟夫！誰知吾卒先 汝而死乎？吾真真不能忘汝也！回憶後街之屋，入門穿廊，過前後廳，又三四折，有小廳，廳旁一室，為吾與汝雙棲之所。初婚三四個月，適冬之望日前後，窗外疏梅篩月影，依稀掩映；吾與（汝）並肩攜手，低低切切，何事不語？何情不訴？及今思之，空餘淚痕。又回憶六七年前，吾之逃家復歸也，汝泣告我：望今後有遠行，必以告妾，妾願隨君行。吾亦既許汝矣。前十餘日回家，即欲乘便以此行之事語汝，及與汝相對，又不能啟口，且以汝之有身也，更恐不勝悲，故惟日日呼酒買醉。嗟夫！當時余心之悲，蓋不能以寸管形容之。

吾誠願與汝相守以死，第以今日事勢觀之，天災可以死，盜賊可以死，瓜分之日可以死，姦官污吏虐民可以死，吾輩處今日之中國，國中無地無時不可以死，到那時使吾眼睜睜看汝死，或使汝眼睜睜看吾死，吾能之乎？抑汝能之乎？即可不死，而離散不相見，徒使兩地眼成穿而骨化石，試問古來幾曾見破鏡能重圓？則較死為苦也，將奈之何？今日吾與汝幸雙健。天下人不當死而死與不願離而離者，不可數計，鍾情如我輩者，能忍之乎？此吾所以敢率性就死不顧汝也。吾今死無餘憾，國事成不成自有同志者在。依新已五歲，轉眼成人，汝其善撫之，使之肖我。汝腹中之物，吾疑其女也，女必像汝，吾心甚慰。或又是男，則亦教其以父志為志，則吾死後尚有二意洞在也。甚幸，甚幸！吾家後日當甚貧，貧無所苦，清靜過日而已。

吾今與汝無言矣。吾居九泉之下遙聞汝哭聲，當哭相和也。吾平日不信有鬼，今則又望其真有。今人又言心電感應有道，吾亦望其言是實，則吾之死，吾靈尚依依旁汝也，汝不必以無侶悲。

吾平生未嘗以吾所志語汝，是吾不是處；然語之，又恐汝日日為吾擔憂。吾犧牲百死而不辭，而使汝擔憂，的的非吾所忍。吾愛汝至，所以為汝謀者惟恐未盡。汝幸而偶我，又何不幸而生今日中國！吾幸而得汝，又何不幸而生今日之中國！卒不忍獨善其身。嗟夫！巾短情長，所未盡者，尚有萬千，汝可以模擬得之。吾今不能見汝矣！汝不能舍吾，其時時于夢中得我乎！一慟！辛未三月廿六夜四鼓，意洞手書。

家中諸母皆通文，有不解處，望請其指教，當盡吾意為幸。」

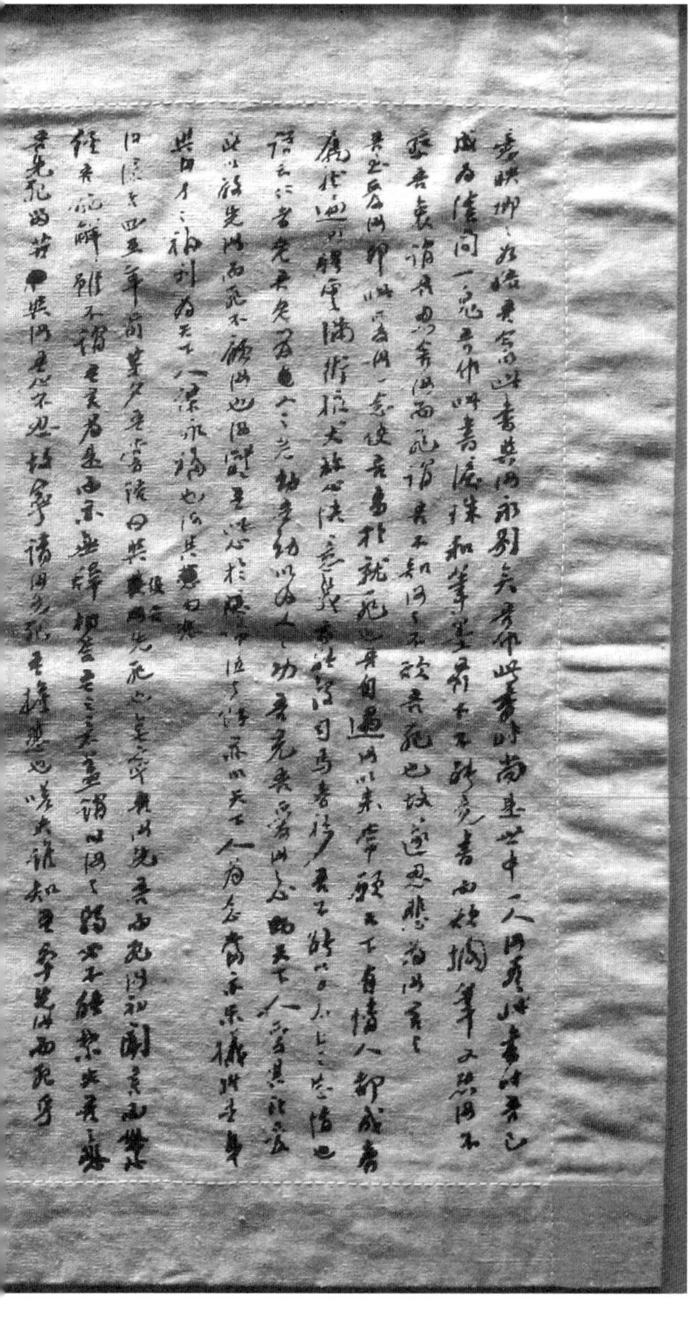

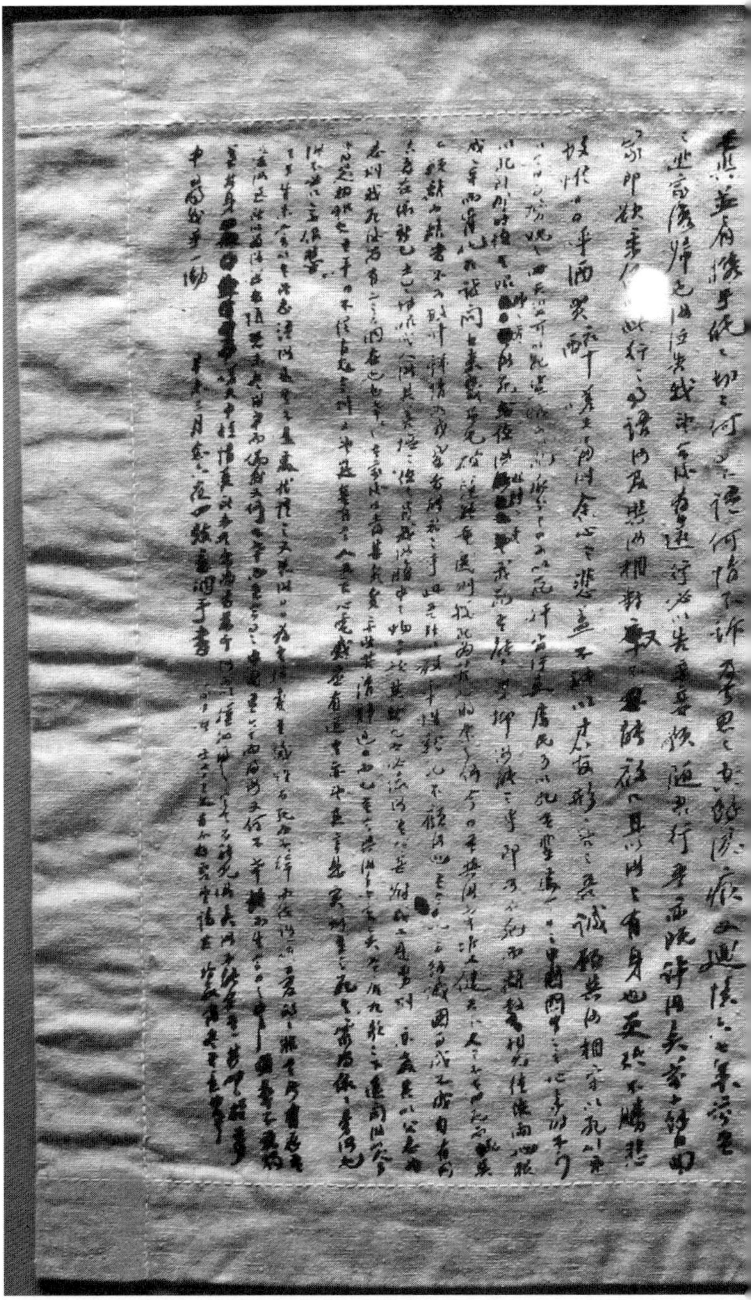

林覺民於起義前，在手帕上寫下的〈與妻訣別書〉。

滿懷著愴然的情緒，這裡我要補充一下，林覺民的妻子陳意映接到書信後的反應。

她知道丈夫的死訊後，當場想殉情自殺，為了年幼的孩子及腹中的小生命，勉強活了下來，可是仍因過度悲傷，動了胎氣，導致腹中的孩子早產；最後她因過度悲傷、抑鬱度日，在林覺民死後一年多，也接著過世，得年二十五歲。

林覺民的死雖然悲戚，但在歷史中他卻無疑是個幸運兒，因為兩岸教育至今還不時提到這段往事，林覺民的故居也被當作重要文物保存。

但有人曾經存在過，如今，卻早已不復記憶。黃花崗烈士中的余東雄、郭繼枚，可有人知道他們的名字嗎？

余東雄。

當初黃興為了提高突擊兩廣總督衙門的成功率，曾招募會武功的人士加入，余東雄、郭繼枚是馬來西亞華僑，少時習武，由於彼此是鄰居，常結伴打獵，在黃興的號召下，參與廣州黃花崗起義。

新婚狀態的郭繼枚在出發前，默默地留下一封「遺書」給他的妻子。

遙想當年，郭妻淚流滿面，但強笑著說：

「我等你回來。」

一旁的余東雄忍著激動，掏出一封書信遞給郭妻：「嫂子，這信，幫忙交給我娘……」

郭繼枚問：「你娘知道你要去廣州嗎？」

余東雄搖頭說道：「我怕老娘擔心，沒告訴她。嫂子，我老婆跟老娘，請幫我照顧一下。」

郭妻說：「別這麼說，你們會回來的！你們會回來的……」

余東雄，死於亂軍之中，得年十八歲，是七十二烈士中年紀最輕者。

同鄉的郭繼枚與好友同生共死，得年二十歲。

郭繼枚的遺書內容不明，家人下落亦不明，但在新加坡的孫中山南洋紀念館前，立著兩人手持武器的雕像，是兩人奮鬥過的證明。

再生

一九一一年的廣州黃花崗起義，眾多志士犧牲，他們本是同盟會的菁英，原是日後政壇上的希望，如今卻成為一具具的屍首……

死的人已經成過去；活的人，還要辛苦繼續幹活。

潘達微。

鎮壓起義後，面對亂黨的屍首，清朝官員根本無心處理，此時有一個人提出申請：「請大人恩准！本著死者為大的尊重，讓我能安葬這些屍首。」

說此話者，潘達微是也！

潘達微，當時知名書畫家、記者，同盟會成員。

沒錯！潘達微也是同盟會成員，但自幼體弱多病的他，無法實際參與起義行動。可在起義後，面對清朝嚴厲搜捕革命黨人的危險狀況下，潘達微卻冒著風險，要為同伴們收屍。

清朝看在潘先生的知名度上，勉強答應了！於是潘達微開始指揮人手，在廣州城附近一座不起眼的破爛山丘，展開安葬工作。

然後他將喻培倫、林覺民、林時爽、方聲洞、余東雄、郭繼枚，還有許許多多的革命烈士……收斂、入土、尚饗、追憶。

潘達微心想：「抱歉！現在我能做的就這麼多，等到革命成功後，我一定讓你們有更好的歸宿！」

民國成立後，潘達微呼籲各方人士修建昔日烈士的墓園，於是一個名字出現——

「黃花崗七十二烈士墓園」。烈士們被盛大紀念一時，之後沉寂於歷史長河之中，成為遙遠的記憶……

順帶一提，一九五一年，潘達微的遺骸遷葬黃花崗；生未能共事、死卻居於同土，潘達微可說是真漢子！

「是嗎?克強他們還是失敗了……」

關心完摯友的狀況，宋教仁對他的同伴說：「克強他們雖然失敗了，但不要緊，我已經與湖北新軍的革命團體取得聯繫，我們將在那裡緊接著起義！」

在那裡，宋教仁將獨立制定出他專屬的中區革命策略；在那裡，他將埋下一顆革命的火種；等到這顆火種引爆的時候，將會是震撼中國的時刻！

是的，就在武昌！

勉強逃出廣州的黃興，由於失血過多、身體狀況極差，革命黨同志只好委託他人想辦法照顧黃興。

被委託照顧黃興的人，名叫徐宗漢。她是一位熱心革命的寡婦，熱心到黃花崗起義時，她假借結婚名義，在新娘花轎藏匿軍火交給革命黨；熱心到黃花崗起義後，不顧清朝的搜捕，帶著受傷的黃興一路偷渡到香港。

到了香港，當然要先讓黃興就醫，醫護人員在治療前，卻說：「本院規定，動手術前必須有家屬簽字。」

黃興根本是偷渡來的，身旁哪有什麼家屬啊？

這時徐宗漢說：「我是他的妻子，我來簽。」

手術後，黃興知道了這件事：「一個寡婦為了救我，甘願放棄她的名節……那我黃克強只能用一種方式表示感激，還有負責了。」

徐宗漢（中坐者）。

出院後，黃興與徐宗漢結為夫妻，她將伴隨著他的後半輩子，成為黃興堅強的支持力量。這或許是黃花崗一片慘烈的血紅中，一抹少許溫馨的粉紅痕跡吧！

孫文呢？黃花崗起義時，他沒在現場實際參與，因為他在籌錢，而且籌了不少錢！據革命黨紀錄，美國募款破萬，南洋募款十多萬！

正因為募了太多錢，黃花崗的慘敗使得孫文信用破產，一時之間無人再贊助革命，孫文也只好消聲匿跡了。

歷史學家唐德剛根據訪談，竟得知孫文跑去一個小咖啡廳當打雜的，勉強過生活。但近幾年的資料，卻顯示孫文當時還是在進行募款的老本行，姑且不管是洗盤子或募款，我想一個投資生意失敗十次的人，處境一定不好受。或許在文哥跟眼前洗不完的盤子奮鬥的同時，仍心想：「我要堅持下去！一定還有希望！一定要繼續起義！」

孫先生就別胡思亂想了，洗完盤子趕緊睡了去，因為你明早還要接著上班，而且幾個月後，你將獲得一個全新的身分：中華民國第一任臨時大總統！

至於無名小卒陳炯明，他真的很囧，因為在黃花崗臨時喊卡的行為，讓黃興見到人就說：「陳炯明這膽小鬼臨陣脫逃！壞了大事！」搞得黨內同志對他甩白眼，而清朝官員又一個勁地想抓他。

在那段身心煎熬的時刻，陳炯明心想：「像以前那樣，找黑社會搞起義，是行不通的！像這次，革命黨自己衝鋒起義，一團亂。如果真的想要做出一番大事，我們革命黨一定要訓練出一支專屬的戰鬥部隊！」

接下來，陳炯明拉攏廣東的新軍加入革命黨，並在武昌起義後，率領他所組織的部隊光復廣東！

再接下來，洪憲帝制後，他將再度率領軍隊守住廣東，為革命黨保住最後一塊地盤。

還接下來，他將成為孫文口中的革命希望、最親密的夥伴。

更接下來，他與孫文鬧翻！之後，孫文新的軍事夥伴將徹底把他擊敗，退出歷史舞台，而那位踩著他步步高升的軍事夥伴，叫做蔣介石。

以上人物，皆是名震一時的大人物，但有一位始終無名氣的人物，卻不得不提！莫紀彭，他後來成功逃出廣州城，並在日後歲月裡，編寫眾多史書，為清末民初的歷史留下珍貴的史料，讓後世能了解黃花崗的事蹟。

老莫之後來台定居，一直活到八十七歲才過世，是參與黃花崗起義成員中最高壽者，也是昔日碧血黃花的最後凋零者，作家李敖更將莫紀彭列為第七十三烈士，以示尊敬。

意義

在革命黨眾多的失敗行動中，廣州三二九黃花崗起義最為後世留念，可實際上，這當中卻還是有著難以被紀念的遺憾。

現在廣州黃花崗紀念公園，裡面有革命黨人帥哥文青汪精衛為七十二烈士所立的名諱及碑文。

如果細查七十二烈士墓碑的名字時，會看到兩個名字：林文、林時爽。

再去追究兩人資料，林文的資料如此寫著：「林文，號時爽，福建人，參與廣州黃花崗三二九起義……」

而林時爽的資料，是這樣寫：「林時爽，本名林文，福建人，參與廣州黃花崗三二九起義……」

這兩位根本是同一個人啊！這種烏龍狀況還不只一個！就拿人數來說，後來有人證明陣亡的人數應該是八十六人，可實際上，當時各小隊狀況混亂，究竟有幾人喪生於當年的廣州城中，只怕不得而知。

另外，按傳統描述，革命黨是運氣不好，才功敗垂成……這個歸納真是過於簡單了！後來的武昌起義也是意外眾多導致提早起義，為何就會成功？因為武昌人的運氣一整個「好棒棒」來著？

如此簡單地歸納，真是扼殺了這場起義的價值！

首先，許多參與起義的選鋒隊員，在行動前就先寫好家書或遺書，這代表：「我們從沒想過要活著回來！今天參與革命，我們就是來玩命的！」那是徹底的覺

悟，是以實際行動，推翻梁啟超對革命黨是徒叫人送死的「遠距離革命家」汙名。

再來，不只是八百名選鋒（同盟會基層會員）豁出去地拚命參與，同盟會高級幹部中，副會長黃興親自參與行動，手指都被打爛了！會長孫文雖被指責都待在國外根本沒實際參與戰事，但他也是死命地募款，甚至搞到信用破產、落拓至極。

最後，若真按起義計畫：八百名選鋒在廣州城內部發難，再得到親革命的廣東新軍接應，只要執行穩當，要攻下廣州城應不困難。

可究竟為何如此精心策畫並全力以赴的行動，最後卻以失敗收場？

為了紀念這場遺憾，我認真地查看起義過程的資料，得出以下失敗原因：

一、聯繫失當：原本十路齊發變成四路出發，甚至到最後根本只有一百二十人在折騰，其他人則搞不清楚狀況。

二、隊員素質不佳：譚人鳳不熟槍械，搞得槍枝走火；林時爽自以為是地搞勸說，結果當場陣亡。還有眾多非廣東省隊員，一天到晚在迷路。

三、武器不到位：只有手槍、炸彈可用，個別人士說不定還只帶小刀。

四、新軍沒動作：因為沒人通知，所以沒有支援動作。其實沒動作還好，各位看有動作的溫帶雄，可謂死得悲劇。

這哪叫軍事行動？根本叫鬧劇吧！而且就算起義成功，占領了廣州：依地理位置來看，廣州位置偏遠，附近的廣西、福建省更是窮鄉僻壤，無法有效號召全國連鎖起來革命，了不起多撐個幾天，等清軍大隊人馬殺到，還是會被鎮壓，這是孫文「邊區革命」的重大弱點。所以若用軍事角度去審視廣州三二九黃花崗起義，它固然極其壯烈，但不能掩蓋鱉腳的實際表現！

可是，最初激起我對清末民初歷史產生興趣的，就是廣州三二九黃花崗起義！

它真的不成功，卻無法讓我忘懷，一群曾被批評為無能、膽小的敗者，直至最後一刻仍付出實際行動去實踐自己的夢想！縱然結果不成功、過程實在太天真，他們卻無愧於心，並向眾人證明自己理念的價值！

黃花雖逝，百年猶生，心念仍堅，英魂不亡。

那是足以橫跨時代、穿越百年仍能深觸人心的純粹之心，也是昔日英魂們留下來最有價值的遺產。

第七章

罔名之下——陳炯明。

說了這麼多清末民初的革命故事，相信大家對「中國同盟會」這個清末最重要的革命組織的認識，增進不少。而他們的創會理念是：驅逐韃虜，恢復中華；創立民國，平均地權。

前面一句好懂，就是推翻清朝，這件事很多人都嘗試過；後面一句不好懂，簡單來說，就是建立一個「美國聯邦式」政府，還有進行重新分配財產的「社會主義」。

雖然口號難懂且難搞，但在崇高理想的號召下，昔日同盟會人才濟濟。孫文、黃興、宋教仁三大領袖分工合作，各展所長；汪精衛、蔡元培、章炳麟，手中筆鋒銳利勝刀，宣揚革命；鑒湖女俠秋瑾、炸彈大王喻培倫、革命書生林覺民、第七十三烈士莫紀彭……等眾多志士，各自譜出生命燦爛的一頁。

一九一二年，中華民國成立，同盟會成功達成「驅逐韃虜，恢復中華」的階段性目標，隨後改名為國民黨，準備實踐「創立民國、平均地權」，意圖建立民主且改善廣大人民經濟狀況的政府。

可在歷經眾多事件，如黃花崗起義、光復會倒孫、宋教仁被暗殺、二次革命的意見分歧，還有對中華革命黨獨尊孫文的質疑。昔日的同志或因理念不合分道揚鑣，或因身亡逝世無緣走到最後，加上動亂不斷的民初社會，讓人不禁懷疑：還有人記得「創立民國、平均地權」的理念嗎？

還有一人！即便時光流逝，仍堅持革命理念至最後一刻！他的堅持，為革命派人士提供成功的機會；他的堅持，也為自己迎來千古罵名。

那人就是昔日的革命黨員，今日卻在教科書與北洋軍閥並列的陳炯明！

有個性的革命青年

陳炯明，字競存，他是昔日教科書中背叛孫文的邪惡人士、今日教科書的空白人物，為何我竟把他也列為「國父們」呢？

首先這要從陳炯明的青年時代說起，並請大家先記住一個前提：「陳炯明十分有個性。」

他在學生時代先是中過秀才，又以最優等成績從廣東法政學院畢業，如此表現，讓陳炯明的智育足以拿滿分，但是他的德育絕對會被打零分！因為陳同學還有從事課外活動，就是混黑道（洪門致公堂，跟孫文同一幫派），還是海陸豐地區的堂主，地位比孫文還高！

有著優等生和黑道老大這兩個如此違和的背景，可見陳炯明的特殊個性；也

青年陳炯明。

因從小接觸致公堂的反清思想，所以身為優等生的他，畢業後，不像大部分同學一樣為清朝服務，反而投入同盟會的革命事業。

只要是在廣東的革命活動，陳炯明都衝在最前線，甚至在廣州三二九黃花崗起義中還擔任了十路敢死隊的其中一位隊長。

但在這場起義中，陳炯明先是催促黃興發動起義，可是在起義當天卻覺得準備不夠充分，想聯絡黃興延後起義；誰知道聯繫失當，黃興沒接到陳炯明想要按兵不動的訊息，於是黃興小隊的一百二十人大多成了烈士，而陳炯明小隊沒放個幾槍，就撤離廣州。

黃興對此頗有怨言，在一些談話場合或多或少都強調陳炯明「臨陣退縮」，所以陳炯明面臨了「外有清朝追捕、內有同志責難」這種裡外不是人的囧境。

一般人面對被大家公幹的處境，大概會變得意志消沉、不做事，或是低調行動、避風頭吧？可別忘記我說過：「陳炯明很有個性」，三二九起義後，陳炯明立刻投入暗殺團行動，炸死了廣州將軍！

甚至還提出了新構想：「以往的起義多以會黨（黑社會）為主力，但黑社會沒有革命信念，一遇到難處就聞風而逃。而三二九起義以革命黨人為主力，雖有滿腔熱血及理念，卻沒有軍事經驗，導致實戰一塌糊塗！所以要成就大事，我們革命黨需要發展出屬於自己的專業軍隊！」

於是陳炯明開始逐步滲透廣東新軍，想等待時機成熟後，號召親革命黨的新軍再度起義！沒想到時機來得很快，陳炯明大約是一九一一年六月左右開始滲透新軍，而一九一一年十月，武昌起義就爆發了！

趁各地清朝軍隊手足無措時，陳炯明逮著機會，連繫軍中的內應，一口氣占領了海陸豐附近的惠州城，接管了四千多名的士兵！

「競存兄，眼前的部隊，以後就聽你的了，你給部隊起個名吧！」

看著眼前的惠州城，陳炯明想起這裡以前叫循州，於是說：「咱們的部隊，就叫循軍！」接著又說：「升起軍旗！」

於是，一幅巨大的「井字旗」飄揚在隊伍之中。

提到「井字旗」的來歷，要回溯到一九〇五年，中國同盟會成立時的往事。

「那我們先來選會長！」

司儀按照既定程序，宣佈要進行的事宜，這時原本擁有最高人氣的黃興卻跳

上台說：「我推薦孫先生當我們的會長！」

說完，自己還馬上拍掌表示贊同，台下會員眼看如此，也只好拍掌表示通過。

啪啪啪啪啪啪~~~於是在掌聲中，孫文笑笑地當上了會長。

「接下來，選會旗！」

司儀繼續宣佈處理事項，一聽到選會旗，黃興整個精神就來了，他立馬搬出了他支持的得意設計——井字旗。

「各位看看這井字旗，設計理念來自周朝的井田制度，跟我們平均地權的理念相符合……」黃興口沫橫飛地介紹到一半，孫文卻立刻打斷說：「這設計理念也太復古了吧！我看，還是用青天白日旗好了！」

這話一出，黃興立刻變臉說：「你這旗也太像日本太陽旗了吧？搞得好像我們要被日本併吞一樣，用井字旗啦！」

其實黃興恐怕還心想：「會長那麼重要的職位，我都大方地讓給你了！現在會旗的款式聽我的，應該不為過吧？」

誰知道，孫文激動地說：「不行！一定要用青天白日旗！絕不妥協！」

這下氣氛緊張了，原本有說有笑的孫黃二人竟然四眼隔空交火、勢不兩立，搞得原本歡歡喜喜的成立大會，馬上就要分裂散會似的！

（上）井字旗；（下）青天白日旗。

兩人怒目互瞪好一會兒……

「哈哈哈哈哈！」黃興突然仰天而笑，然後說：「孫先生我服了你啦！我本來想說你硬要我用這青天白日旗，那我還不如退出同盟會。不過為了黨與大局，勉強從先生意吧！」

孫文一聽黃興竟然願意接受，趕忙笑說：「克強有心！謝謝你的接納。」於是會長、會旗，最後都歸孫文一人說了算。

這只是黃興對孫文日後眾多退讓的第一次，往後的日子裡，他將一再地遷就孫文，直到他再也受不了孫文要搞獨裁為止。

陳炯明太有個性了！這「井字旗」連設計者黃興都沒用，但他偏要用，並號召眾人：「看哪！別忘了我們的口號『平均地權』！」

之後，在循軍的壓力下，清朝兩廣總督張鳴岐棄職潛逃，廣東省最終從清朝獨立，陳炯明也因功當上了廣東省副都督。

可惜好景不常，宋教仁被暗殺後，孫文指責這是袁世凱所為，因此發動二次革命討袁。可老袁是什麼狠角色？北洋軍的超級老大ㄟ！幾下子就把孫文的二次革命打爆，還驅逐了所有省分的革命派人士，自然也包括陳炯明。

面對被袁世凱擊敗的情形，孫文立刻號召昔日的同盟會同志：

就任臨時大總統時的袁世凱。

「各位！咱們再次組成革命黨，發起三次革命武力反袁！」

本來這主意不錯，孫文卻又說：

「加入新革命黨——中華革命黨之前，要先答應幾件事：

一、效忠我孫文。

二、先畫押，蓋手印。

三、違背孫文命令者，要處極刑！」

這話一講，眾多同志當場抗議：「有沒有搞錯？怎麼加入革命黨像加入黑社會？而且你孫文要搞獨裁跟個人崇拜，這是哪門子民主思想啊！」

連最挺孫文的黃興，都氣得遠走美國，並表示：「大家跟我走！一起用法律的方式反對袁世凱！」

有個性的陳炯明自然也不加入中華革命黨，但他太有個性地表示：「武力反袁是對的，但獨尊孫文有問題，大家跟我一起到南洋共商大計！」而這或許也成為日後孫陳二人不和的開端。

總之，中國同盟會在美國反袁派、南洋反袁派，加上孫文的日本反袁派，各行其是的情況下，徹底分裂！

這似乎也啟示了我們一件事：從古至今，政治運動總會因權力鬥爭而分裂。例如革命黨都主張反袁，結果卻各執己見、內鬥耗元氣。又好比○○花學運，成員都想反政府，但有人選擇占領國會，有人則衝撞行政院，還有人說國會裡的那幫學生搞獨裁，於是跑到國會附近另立基地反政府，真是還原了歷史，重演了權力鬥爭啊！（咳咳咳，好像有些離題了）

征戰廣東

我們還是把焦點聚集在陳炯明身上吧！後來他為了反袁，回到廣東省暗中聯繫各界人士，再一次組織自己的勢力。結果到了民國五年，一件讓中國巨變的事情發生——袁世凱死了！

有老袁這位民初第一強人坐鎮，特別是在他稱帝以前，中國還能維持表面上的安定。但隨著老袁之死，各方勢力再無人牽制，加上誰也不服誰，於是各派系

一九一六年，袁世凱的葬禮。

軍閥殺成一片，舉目所見的場景皆是，搶錢搶糧搶地盤！整個中國亂成一鍋粥。

孫文也在老袁死後，帶著他的親信回國，之後發揮「孫大炮」的特性，左一句：「軍閥破壞《臨時約法》！」右一句：「軍閥亂政無視國會！」接著號召眾人：「保護《臨時約法》、重開國會、打倒軍閥，再次恢復共和秩序！」然後根、本、沒、人、甩、他！

那是當然的，畢竟孫大炮是要錢沒錢、要兵沒兵，甚至連個基本地盤都沒有，只能躲在上海的外國租界叫囂。正指揮槍桿子爭領導寶座的軍事強人們才懶得理他，按現在說法就是：「（跟嘴炮）認真那就輸了！」

所以昔日的革命黨人士，雖然擁有高知名度，卻是最沒有政治前途的一群人……

幸好！還有陳炯明！自從返回廣東、歷經多方活動後，競存先生終於取得朱慶瀾的信任。這位朱慶瀾本是東北地區的軍官，之後被北洋政府派來擔任廣東省省長，不過廣東畢竟不是他自己的熟悉地盤，加上還常受到廣西、福建的軍閥入侵，讓朱慶瀾覺得：「這省長當得實在沒意思啊！」

於是做不到一年，朱慶瀾很乾脆地決定：「離開廣東，回東北去吧！」

可是當初招募的廣東士兵沒法子跟他去東北啊！那找誰率領這批軍隊呢？

朱慶瀾。

此時朱慶瀾突然想到：「有了！陳炯明跟我關係挺不賴的，加上他是廣東人，熟悉這裡的狀況，我那批部下跟著他，應該不會吃虧的！」

於是朱慶瀾將底下五千名軍隊讓給了陳炯明，這讓跟隨陳炯明一同奮鬥的夥伴感到振奮：「好ㄟ競存！咱們總算有屬於自己的部隊了！」

但還沒高興太久，立刻傳來一個噩耗：「急報！福建的軍閥率領部隊入侵了！」

廣東軍憂鬱了，領導還沒混熟、對方兵強馬壯，要怎樣抵抗？

在眾人懷疑的眼光中，陳炯明發表了他的戰略：「迎頭痛擊！把這場實戰當練兵！我將親自帶隊逆襲反攻，一定要擊敗入侵者，保衛廣東！」

看到領導豁出去了，底下小兵也心情激動，想到這幾年被人荼毒的廣東家園，他們冒出一個心聲：「我們不要被動防守！我們不要讓外人踐踏我們的家園！我們要進攻獲得勝利！我們要把這幾年被壓抑的怒火帶到對方的地盤去！」

結果，五千廣東軍大破來犯的福建軍！並攻下福建多個據點，讓福建軍沒能再威脅廣東，而陳炯明也成功地打下自己的地盤，將底下的軍力擴增至兩萬。

「好ㄟ！總算保住廣東了！」陳炯明的部下才剛有了希望，又一個更大的噩耗傳來：「報告司令！廣西的陸榮廷率大軍進攻廣東了！」

說起廣西陸榮廷，他的作戰經驗可不含糊！首先在年輕時混土匪，狠尬過清朝；接著再投降清朝參加中法戰爭，對抗法國軍隊；後來鎮壓革命黨發起的鎮南關起義，又在民國成立後打贏北洋軍閥的二軍。

而他手底下的桂系部隊，大多是土匪出身，長期舔刀頭、沾人血的狠勁無人

能及！不但多次把廣東軍打得落花流水，在整個中國南方戰力可以排到第二，僅次於由蔡鍔訓練出的雲南軍！

現在大家對比一下：一生闖蕩戰場的陸榮廷VS戰場經驗不多的文人陳炯明、三萬多兇殘土匪軍PK曾為手下敗將的二萬廣東新兵，相信所有人都認為：陳炯明輸定了！但結果是陳炯明大破陸榮廷！他不但防禦成功，還一路殺進廣西，拿下對方根據地，讓陸榮廷只能率領著敗軍鑽到深山逃難、打游擊，重操土匪的舊業去了。

太神奇了！短短三年內，福建、廣西的外患被打殘，而廣東省只要安排兩個營（約一千三百人）就可維護治安，徹底掌控廣東並穩定情勢的陳炯明，若叫人推舉他為主席、都督、元帥、委員長……之類的職位，視他為救星的廣東人絕對舉雙手贊成、無人反對！

結果陳炯明說：「廣東省安定後，接下來就是要恢復我們革命的夢想了，光憑我恐怕不足以領導大家，所以我決定迎接孫文先生來到廣東，領導大家一起建造共和！」

此時的孫文原本窩居在上海毫無作為，結果先是接到陳炯明要他領導革命的消息，後來德國又送了一筆錢給孫文，讓他有足夠的地位及資金，號召民國元年被選舉出的國會議員們：「跟我孫文去到廣東重開國會，保證你們有權、有錢、有未來！」

於是孫文來到廣東另組政府，還當上了「非常大總統」，開始跟北洋政府叫板了。

也許有人會問：「德國幹嘛送錢給孫文啊？」那是因為當中國內鬥不斷的同時，第一次世界大戰也正打得火熱。當時北洋政府主張對德宣戰，而孫文則主張保持中立，所以德國送錢給孫文，希望他能更堅定保持中立的意見，並號召其他勢力，一起反抗北洋政府參戰的決策。

以結果論來看，北洋政府還是代表中國對德國宣戰，為中國贏得戰勝國資格；而孫文則混水摸魚地撈錢，增加了政治實力。德國人最終打輸第一次世界大戰，還無法要回給孫文的資金，真是賠了夫人又折兵！

（上）陸榮廷，（下）蔡鍔。

六一六事變

孫文知道自己能重振威風，是因為有陳炯明的支持以及保護，所以一開始就不斷跟人說：「競存是我們共和的希望！」

而陳炯明也一直提醒大家：「孫先生才是領導！我聽他的，希望大家也聽他的！」甚至私底下，陳炯明將從廣西獲得的名貴特產——猺錦，其中尤大尤好的一份贈送給孫夫人宋慶齡，而宋慶齡也回贈鹿茸、人參等禮物，還表示：「這可是從東北來的好料，是孫文送給你致意的。」

但二人之間的關係，很快因政見差別而變得冷漠。

有次孫文問：「競存啊！不知你覺得要如何解決中國內亂呢？」

陳炯明說：「還是請孫先生先說說你的意見吧。」

孫文說：「我認為，競存你底下的軍隊已有相當的實力，而且廣東附近已無後顧之憂，所以我們應該揮軍北伐，以武力統一中國，重新締造一個真的共和國家！」

陳炯明一聽這話，臉就冷了下來，然後說：「孫先生，這樣我們跟武力奪的北洋軍閥有何不同？我們應該實踐昔日同盟會理念——打造美國式的聯邦政府，所以要先建設廣東，把廣東打造成一個模範省分，之後讓其他各省了解以革命理念建設的好處後，大家就會願意加入我們，如此就可和平統一中國，達成『聯省自治』的理念……」

「競存！今時不同往日！」孫文打斷了陳炯明的談話。「唯有武力統一中國，才能在最短的時間內，重建中國秩序！」

「就算如此……」陳炯明露出不高興的表情說：「我們廣東軍戰力雖有所提升，但面對實力強大的北洋軍，在人數或戰力上，恐怕還未具有對戰的實力。」

孫文說：「競存，你不知道！北洋軍對外雖號稱超過十萬之眾，但實際上各將領少有合作；拿主政的段祺瑞來說吧，我敢說他實際能動用的兵馬絕不超過六萬，如此對手，何懼之有？」

陳炯明說：「我還是認為面對北洋軍，我們沒有勝算，所以應該以昔日同盟會『聯省自治』的理念，逐步統一中國。」

孫文說：「我是非常大總統，我說！要、揮、軍、北、伐！」

我只能說：「這兩位老兄個性實在不合。」按孫文跟陳炯明閒談的紀錄，孫文稱自己的作風為「狼、大、快」（廣東話意思就是過度積極）；他人則稱陳炯明的個性為「勤、緊、韌」（勤勞、小心謹慎、持久力十足），所以兩人對中國未來的發展，有著巨大的歧見。

而孫文為了實行北伐，當眾宣佈：「免去陳炯明各項職務，所有廣東軍直接受孫文統轄！」

這是什麼情況？本來孑然一身、靠人扶持、還是被邀請來的孫文，竟用如此羞辱的方式，剝奪了陳炯明這內穩治安、外抗強敵的東道主實權！

如此不地道的表現，只要是人，大概都被孫文惹毛了！而陳炯明，也真的被孫文惹怒了，於是他決定回惠州隱居。

啥？被人汙辱、剝奪一切，而且完全有力量反抗（別忘了廣東軍是他訓練出來的）的陳炯明，為何沒有選擇抗爭而是回老家？

其實陳炯明真的很火大，可是他也不想對孫文武力相向，原因很簡單：孫、陳二人內鬥，對大局毫無幫助、消耗實力，還破壞廣東的秩序。

別人或許不在乎，但一路為重建廣東付出了心酸代價的陳炯明很在乎，所以他選擇隱忍，這個對自己最沒好處的方法。

可是，當初跟著陳炯明東征西討的廣東軍，對老長官的待遇感到憤慨！想想看這段時間，是誰帶領他們連戰皆勝，找回軍人的尊嚴及驕傲？是誰穩定了廣東，使大夥的家園重新有了發展？是誰告訴他們，廣東軍跟其他軍隊不同，是有革命理想的部隊？又是誰，實際關心他們的生活，甚至親上戰場與弟兄們同甘共苦？

是陳、炯、明！

反觀孫文，先不提這位老兄的戰略理念是否正確，他有實際來過軍中嗎？體會過他們的生活嗎？飯都沒有一起吃過、酒都沒有一起喝過，然後現在要大家為你賣命、離開廣東去北伐？在那之前，他還如此對待老長官？

總之，廣東軍從上到下都很憤怒，尤其是原廣東軍參謀長的葉舉。他雖被孫文任命代替陳炯明的廣東軍新任司令，卻沒因此感謝孫文，反而想藉機趕跑孫文，讓陳炯明重新掌管廣東！

為此，葉舉曾帶領著眾多部下，一起跑回惠州，並對老長官陳炯明說：

「長官！發動政變趕走孫文吧，我們都支持你！」

陳炯明卻拍桌大喝：「天下之惡皆歸焉（那我豈不成了全天下的罪人）！」表示反對！

葉舉。

本來這事或許能在陳炯明的退讓下，有消弭紛爭的可能性，但孫文卻硬要打翻這積壓已久的壓力鍋！

其實孫文一直知道廣東軍對他有極大的不滿，為了先發制人，他竟對廣東軍下令：「立刻退出廣州省城三十里之外，若不服命令，我就以武力壓服！人家說我孫文是車大炮（講大話），但這回大炮更是厲害，不是用實心彈，而是用（會爆炸的）開花彈，或用八英寸口徑大炮的毒氣彈！不然就在三小時把六十餘營陳家軍變為泥粉！」

我真不明白孫文你是哪來的勇氣或實力敢威脅人？這則言論一出，立刻成為壓垮廣東軍容忍念頭的最後一根稻草，於是在一九二二年六月十五日晚上十點，葉舉突然對待在總統府的孫文宣佈：「我們『即將』要占領廣州城及總統府！」隨後率領大批部隊及火炮，進行包圍行動。

孫文得知消息後，趕緊和他的手下撤離了總統府，然後他們聽到：轟！轟！轟！震耳欲聾的三聲巨響！

那天，廣東軍炮擊總統府，孫文則逃到廣東外海的永豐艦上避難，這就是日後記錄在教科書上的「陳炯明叛變」（正確名稱是六一六事變）。

如果這世界上有「五星級學運」，那六一六事變就是「五星級政變」，因為從頭到尾，廣東軍都非常地客氣。

首先他們那麼早就宣稱「即將攻占總統府」，就是為了讓孫文有足夠的時間撤離，而非進行斬首行動，不然幾炮轟去，當場就讓孫大炮死去了，不是嗎？

另外炮轟總統府，是示威，也是提醒孫文加速離開的腳步，不然依照廣東軍對廣州城的地勢了解，要在半路活逮，或是「不小心」擊斃孫文，都是很簡單的事情。所以讓孫文快點離開，還登上永豐艦有足夠的安全保障，這場政變對孫文可謂有驚無險啊！

而孫文登上永豐艦後，立刻要求水兵對城中叛軍開火，水兵則說：「根本炸不到敵軍，只會炸到民宅，如此傷及無辜的舉動，恕我無法遵從。」

結果孫文卻說：「那我自己開炮！」

然後他親自裝炮彈，連開數炮，炸得廣州城多處起火，還讓當時看到孫文兇狠貌的蔣介石夫人陳潔如嚇到尿失禁；而隔天廣州城報紙頭條，全都是對孫文此舉的批評。

提到孫文炮轟廣州，是想提醒大家：

一、孫文不是大家想的溫文儒雅，反而頗有江湖氣息。

二、注意！有一個人登上永豐艦，表示對孫文的支持，影響了他未來的前途。

而且大家有沒有注意到，這次政變是誰領導？是葉舉！不是陳炯明啊！甚至陳炯明還對政變抱持反對態度，怎麼到了教科書上就變成「陳炯明叛變」呢？陳炯明這黑鍋背大了！

永豐艦，又名中山艦。

六一六事變後，孫、陳二人徹底決裂！

得知發生大事，連忙趕到廣州的陳炯明，只能望著烽火後的廣州城興嘆：「也只能這樣了……」接下來他重掌廣東軍，開始與孫文展開多次征戰。

孫文想的就複雜得多：「看來就算是昔日革命黨員的軍隊也不能相信，我必須率領一支從頭到尾都是由我孫文建立的部隊，如此一來，我才有值得信賴的武力，足以統一中國！」

不過要成立部隊，需有錢、有軍火、有戰術指導，還要有人率領啊！關於前面三點，孫文後來找到了一位合作夥伴，將為他解決困難。至於何人率領部隊？

「這人最好有在廣東軍待過，才能迅速跟廣東人拉近關係，另外還要表現出對我的高度忠誠。嗯……之前永豐艦上，有人趕來陪我度過危機，這人忠誠度可以，而且還學過軍事，更待過廣東軍，就、是、他、了！蔣介石！」

話說老蔣本是陳炯明手下的一個參謀官，可是在六一六事變中，蔣介石登上永豐艦，表明他挺孫文到底的態度，也徹底跟老長官劃清了界線。

老蔣的態度有了回報，孫文為了成立自己的軍隊，所以開辦黃埔軍校，而校長就由蔣介石擔任，此後蔣介石掌握了軍權，奠定他日後指揮百萬大軍的基礎。

黃埔軍校成立的首要目的就是：「擊垮陳炯明！」此時的陳炯明，率領他的軍隊回到惠州，本想養精蓄銳後再出擊，重新掌握整個廣東，可他後來竟收到孫文、蔣介石的部隊主動朝惠州城進攻的消息。

「我經營惠州城多年，加上黃埔軍校成立不久、經驗不多，定能防禦下對方的攻勢！」自信滿滿的陳炯明好像忘了一件事，當初他不也是率領經驗不多的新兵，大破福建、廣西軍嗎？何況，蔣介石所率領的黃埔軍，裡面有意想不到的重量級幫手！

「開火！」

一聲令下，黃埔軍激烈的炮火瞬間圍繞惠州城四周，漫天烽火中，陳炯明驚奇地發現：「黃埔軍的火炮威力怎麼如此猛烈？如此先進的武器，我從未在廣東一帶見過！還有，黃埔軍的戰術執行流暢至極，新兵絕不可能有這水準，是誰在裡面指點一切？」

拿起望遠鏡，陳炯明試圖觀察眼前強悍至極的對手，然後他看到：「嗯？對方每一個小隊的領隊面孔這麼深邃……該死！是俄國人！孫文竟然找俄國人訓練部隊！」

各位還記得前面我提到，要建立一支部隊，除了將帥外，還需要有錢、軍火、戰術指導。這些孫文本來都沒有，沒想到俄國人竟主動向孫文提供大量的軍事資

一九二三年，「六一六事件」一年後重登永豐艦的孫文夫婦。

源，使得孫文可以迅速建立軍隊！

俄國人對孫文表示：「我們願意跟孫先生合作，免費提供俄國軍官、貸款，使孫先生建立軍隊，另外我們還會以極低的價格，提供俄國的軍火裝備在部隊中！」

孫文開心地說：「真的嗎？你們不會像英國一樣，要我們抵押礦產或鐵路的利益吧？」

俄國人說：「孫先生不用擔心，我們俄國人不要你們的好處，只要你答應我們一個條件：就是接納中國共產黨，讓他們能跟著國民黨一起發展。」

孫文立刻跟俄國人握手說：「一言為定！」

孫文笑了，他心想：「這下子

我賺到了！」

俄國人也笑了，他們心想：「我們的目的達到了！」

此後孫文的思想越加偏向政治左派，並使眾多共產黨員加入國民黨，讓原本不成氣候的中共得以發展；而日後，中共將會壯大起來，並且幾乎吞掉國民黨的一切！

可是，那個不久後的未來還沒實現，在一九二五年的時候，當時人士所能看到的場景是：被俄國大炮強行攻落的惠州城，日後席捲中國的黃埔軍的第一場勝仗，陳炯明失去一切要黯然下台的時刻；而我則看到：昔日同盟會成員又一次的內鬥。堅持昔日理念的人輸了，再無影響力；勝利者，也已經不再是當初領導同盟會的會長了！中國同盟會，至此名實俱亡矣……

撥開冏名看炯明

隨著惠州城的陷落，陳炯明開始他的退休生活。

一般來說，政治家們的退休生活都挺不賴的，比如北洋軍閥的大人物段祺瑞，即便日後兵敗、失去政治舞台，還可以當包租公，收租金養活自己。另外中華民國的第一任副總統黎元洪，退出軍政界後，在各地擁有七十多處房地產，更是不愁吃穿！

這些人大權在握時，哪怕只刮點油水，對一般人而言都是難得的巨款；何況許多退休的政治人物，具有一定的號召力，某些有心人士往往以車馬費、顧問費、生活費、活動費……等名義，讓退休政治人物出來站台、喊個口號，就能賺一筆可觀的收入，各位看德國資助孫文就是一個最好的例子。

黎元洪。

不過！以上這些，全都跟陳炯明無緣，根據紀錄：陳炯明有抽菸的習慣，但退出政治舞台後，沒錢買！只好趁客人拜訪時，向客人要「伸手牌」香菸。甚至他還常吃不起早餐，只能偶爾花個小錢，隨意買些東西吃，結果吃壞肚子得了腸胃病，釀成他日後的死因。

由此可見，陳炯明主政廣東時期應該沒沾到多少油水，不然也不會過著如此一窮二白的生活。

這就給了日本人機會！

當日本開始逐步侵略中國時，為了營造親日的輿論，他們相中了陳炯明，想邀請他站台美言幾句。

「不知陳先生是否願意出面，支持咱們日本帝國入侵東北（九一八事變）的行動？啊！這是點小意思，不成敬意。」

日本軍官一邊說話一邊遞出一個信封，信封中裝著八萬港幣的支票（以前一份報紙賣一角，現在一份東方日報賣六元港幣，依此推算，陳炯明等於收到現在的四百八十萬港幣、近二千萬新台幣）！

陳炯明表示：「我不收這個！請你拿回去！」

日本軍官仍然笑著說：「既然已經拿出，我們是不會收回去的，您好好想想。」

說完，日本軍官放下支票就閃人了，陳炯明則接過那張支票，然後立刻拿起黑筆劃了一個大×！接著告訴朋友：「立刻給我送回去！」

我還是那一句：「太、有、個、性、了！」

可惜個性不能當飯吃，更不能當藥醫，最終陳炯明窮困地死去，享年五十六歲。

他死的時候，家裡竟然窮得辦不起喪事，使用的棺材，還是陳炯明母親當年的備用棺材！

這些事讓昔日陳炯明的部下知道後，立馬發起募捐活動，不讓司令下葬得如此寒酸！結果眾多人士立刻送來了大筆白包，陳家還收到三千多幅的輓聯，送的人包括：以往的朋友、當時的名人、生前的敵人，甚至其中有一個白包，足足包了五萬元！

哇！是誰這麼有心啊？答案是……昔日的部下，蔣介石。

為何對陳炯明嫌隙極深的蔣介石竟然會包白包致意呢？大家不妨先靜下心來思考，一方面整理目前所接收到的資訊。

為何我會提起這段前塵往事呢？一開始我對老蔣的想法是：這人也太不要臉了！生前把陳炯明打得滿頭包，死後送個白包、假惺惺作態！可是等到我重新思考後，我發現老蔣應該是真心誠意，甚至是帶有些許愧疚的心態，送出聊具心意的些許補償。畢竟，沒有陳炯明的努力，廣東不可能成為革命黨人的根據地；若是沒了廣東，革命黨人無法發展勢力，黃埔軍校也無法成立，蔣介石更無法揮軍北伐，所以中國國民黨能統一中國，很大的功勞要歸功於陳炯明的努力啊！

在陳炯明的故事結尾，我想提出一個問題，請大家想想：一個人是堅持理念比較好？還是隨情勢改變理念好呢？可能大家看完我的描述，會想對孫文說：「呸！我看錯你了！」

我要說一句：「這不是孫文的錯！」說起跟陳炯明的爭權奪利，哪個政治人物沒做過這件事啊？至於只出一張嘴，那可是孫文的看家本領！能在毫無任何實力的情形下，就只憑嘴上功夫，讓無數多有力人士甘心為孫文效勞，你辦、得、到、嗎？

只是炮轟平民這一點，真的說不過去。其實孫文草莽氣息很重，革命時期就多次主張：縱火、暗殺、偷渡運貨……等見不得光的手段。

以上這些，是真實的孫文、一個實實在在有短處的人，而不是我們一般大眾的腦海中，那個神聖無比、絕對和善的虛構印象。所以，當大家想為戰亂時代的孫文設身處地地辯解時，可不可以再思考一下：是誰在無形之中塑造大眾對孫文的神聖形象？這樣做，又有什麼好處呢？這問題我就不解釋，讓大家思索出自己的答案吧！

「倔梆子」陳炯明。

陳炯明的「聯省自治」，的確是同盟會的理想，但真的有可能成功嗎？他有辦法把美國的文化或制度完全移植到中國嗎？而且陳炯明一生都只在廣東打轉，說他被區域局限住也不為過吧！恐怕他在大局觀上，確實比不上同時代的眾多人士，所以從軍

事上、政治上、思想上，陳炯明的作為並不突出，甚至連當作現在國中考題的可能性都不高。

但我卻從昔日眾多革命人士中，將他書寫成為一個獨立的故事，做為我對這段往事的重視，只因陳炯明被掩蓋在主流歷史的罵名之下。

我不想批判跟我觀點不同的歷史工作者，因為每個人本來就可以有不同觀點，但我想描寫一個實實在在的人。

一個在少年時，親上火線、出生入死的革命志士。

一個試圖走出自己的道路，不被權利誘惑的理想實踐者。

一個就算失敗，仍然堅持理念的單純「倔梆子」。

一個被後世評論淹沒的人。

陳炯明，堅持中國同盟會理想的最後一個有力會員，你也是我心中的「國父們」！

第八章

武昌起義。

大家都知道「國父革命十次失敗」，這其中以第十次功敗垂成的廣州黃花崗起義最為著名。然後大家也知道，「國父第十一次革命成功」就是改變歷史的武昌起義。無論成功或失敗，這兩場起義都有一個共通點……孫文並未親身參與！

前面故事已經讓大家清楚，黃興才是真正在廣州城冒著槍林彈雨的危險起義的領導人。不過孫文當時也沒閒著，身為策畫人的他，正努力在美國及南洋地區募款。然後武昌起義時，孫文還是待在美國不在現場、黃興正在香港養傷不在現場、宋教仁他……也不在現場！弔詭的是，後世所謂的「同盟會三大領袖」竟然沒一個在武昌？那到底是誰領導了武昌起義？改變了中國現代史的走向？

在回答這些問題前，我們必須回溯處於二十世紀交界的清朝狀況。

軍制改革，大清崩毀的開端

一九〇〇年，庚子年，清廷命令義和團向十一國外交大使進攻；用瘋狂及一時之氣，為十九世紀的中國畫下休止符。

一九〇一年，辛丑年，義和團早已被八國聯軍鎮壓殆盡，慈禧太后及光緒皇帝逃出了北京，暫時躲在西安。為了收拾殘局，大清國任命太子太傅文華殿大學士、北洋大臣直隸總督部堂一等肅毅伯李鴻章，擔任欽差全權大臣，並便宜行事。

《辛丑和約》簽字時的情景，右二為李鴻章。

意思就是要李鴻章快點把事情喬定，讓大清不滅亡就行了！

最終，一九〇一年九月七日，《辛丑和約》正式簽訂。一紙《辛丑和約》，為二十世紀的中國歷史，揭開了屈辱的序幕。

「國破山河在，今後怎麼辦？」這是慈禧太后面對重創後的清朝，所發出的感嘆。

每當清朝被列強海Ｋ一番後，大家通常這樣辦：「趕快改革吧！」於是清朝最徹底的改革運動，「庚子後新政」隆重登場！

這是一個全方面的改革設計。

政治方面：開始預備立憲，試圖轉型成君主立憲國家。

經濟方面：興修工業、鐵路，並整

合財政機構。

教育方面：廢除了科舉，改用新式教育並鼓勵留學。

不過，清朝認為當務之急，還是要先搞定「軍事制度」！壯哉大清二百五十多年，大致上的軍事沿革為：

●第一代主力軍——八旗

清朝還沒殺進山海關前，以滿人為首的主力部隊。當年近二十萬的東北好漢，可是把軍隊破百萬的大明朝，殺得叫苦連天！但這輝煌的歷史，隨著滿人入山海關統治中國，八旗子弟生活過太爽、成天到晚聚賭有了改變，哪怕是皇帝特地頒佈禁賭令想要肅正風氣，那批滿人富N代卻依然故我。於是八旗軍戰技嚴重衰退，昔日威風是一去不復返了。

●第二代主力軍——綠營

正因八旗子弟不堪用，清朝入關後開始招收漢人成立新部隊，也就是綠營（名稱來自使用的綠色軍旗）。從康熙到乾隆，綠營一直是清朝的主力軍，全盛時期人數還高達六十萬！但到了乾隆皇帝中後期的和平時代，綠營也爛掉了……乾隆皇帝有次校閱綠營部隊，結果竟呈現拉不開弓、從馬上栽下來的難堪場面，以至於日後太平天國動亂，綠營兵是每打必輸、每戰必潰。

第三代主力軍——鄉勇

綠營兵極不靠譜的表現，使飽受太平軍肆虐的各省官員猛搖頭，某些官員索性跑回家鄉，登高一呼：「鄉親們！與其靠國家，不如靠自己吧！」眾多由官員自個招募同鄉子弟兵作戰的部隊，就被稱為鄉勇。最有名的代表，就是晚清中興名臣曾國藩所招募的「湘軍」。「湘」是湖南省的簡稱，顧名思義，這軍隊從主帥曾國藩到最底層的小兵，全都是湖南人出身，有些還是同一個村一起參軍。

（上）八旗軍裝，（下）曾國藩。

同鄉情誼，有好處也有壞處。好處就是大家關係都很親密，所以死一個，往往激動上百個；壞處就是大家關係都很親密，所以死一個，往往全軍崩潰。

曾國藩第一次帶湘軍出戰，為了避免全軍崩潰的狀況出現，還特地在後方畫下一條線，並聲稱：「誰敢退超過這條線，我就砍誰！」

結果一開戰，所有人還是一起落跑，讓曾國藩氣到當場跳水自殺了！不過幸好後來他老人家被打撈後急救成功，救回一命。

第四代主力軍——新建陸軍

鄉勇部隊雖然後來戰力逐漸提升，並裝備了西洋武器，最終平定了太平天國、捻軍、回民等武力抗爭，卻仍難以和外國軍隊抗衡。一百多年前，發生了影響台灣命運極為關鍵的「甲午戰爭」，大部分人把戰敗原因歸咎於「北洋海軍」在海戰的失利。

不過我告訴各位，北洋海軍就算打贏了海戰，大概只能把戰況拉回和局而已。因為早在北洋海軍戰敗以前，當時派駐朝鮮、東北作戰的最強鄉勇——淮軍（李鴻章組織）已經是潰不成軍！僅僅三個月不到，日軍就占領整個朝鮮，甚至入侵東北，並把山海關納入攻擊範圍之內，讓北京實施了戒嚴。

鄉勇難堪的表現，讓清朝又一次地進行軍事改革。於是甲午戰爭後，徹底用

（上）大清新式陸軍的演習景況；（下）一九一〇年，位於廣州的大清軍隊。

洋槍、做洋操、打綁腿的現代化部隊終於誕生！其名為「新建陸軍」。

新軍最早的歷史可追溯至甲午戰後，為了防衛北京地區所成立的「武衛軍」。共分：前、後、左、右、中，五支部隊，其中前、中、右，採用西式軍事訓練並裝備先進軍火。

八國聯軍入侵中國時，曾以為中國軍隊不堪一擊，派了一位英國海軍將領西摩爾（Seymour）率領二千名聯軍進攻北京。結果走到一半，就被武衛前軍將領聶士成爆打一頓，差點全軍覆沒！後來八國聯軍進城，見到收繳的武衛中軍軍火庫，裡面充滿各種型號的德製克虜伯大炮，讓德軍都嘆為觀止：「就連我們都很少配備這麼新型號的火炮啊！」可見「武衛軍」戰鬥能力相當強悍。

可惜當年慈禧太后那幫滿清貴族不爭氣，一陣胡搞瞎搞，不但讓北京被阿多仔占領、賠了四億五千萬兩白銀天價，就連精銳的武衛軍，除了袁世凱訓練的右軍系統完整保存外，基本上全被打殘！

洋人走後，清朝總該面對現實、好好重建軍隊了。

一九〇七年，清朝陸軍部擬訂了全國編練三十六鎮新軍的計畫，依《陸軍營制餉章》描述，當時清朝新軍的各級官階及職權是：

● 二鎮為一軍

一軍官兵約三萬人，指揮官名：總統，相當於現在的軍長，官階為中將。

● 二協為一鎮

一鎮官兵一萬二千五百一十二人，指揮官名：統制，相當於現在的師長，官階為少將。

● 二標為一協

一協官兵四千零五十八人，指揮官名：協統，相當於現在的旅長，官階為上校。

● 三營為一標

一標官兵約一千五百人，指揮官名：標統，相當於現在的團長，官階為上校或中校。

● 四隊為一營

營的指揮官名：管帶，相當於現在的營長，官階為中校或少校，指揮人數約六百至八百人之間。

● 營之下有隊

指揮官名：隊官，相當於現在的連長，指揮人數約一百五十人。

● 隊之下有哨

指揮官名：哨官，相當於現在的排長，指揮人數約三十人。

● 哨之下有棚

指揮官名：正目，也就是現在的班長，可以管十個人。

雖然清朝的目標是想成立三十六鎮的新軍鞏固國防，但建立新軍是很花錢的，舉凡請教官、買軍火、發軍餉、搞演習……都像個無底洞似的花錢耗糧，許多貧苦省分實在無法負擔經費，成立一個鎮的新軍部隊，於是「混成協」這個變通的方法就此出現。

所謂「混成協」，就是人數及兵種編制比正規的「協」略多，然後經陸軍部批准成立後，開始慢慢擴增，逐漸升級到「鎮」的規模。而這些由「混成協」擴編的「鎮」，都必須加上「暫編」二字，表示還未達標準（比如：四川暫編陸軍第十七鎮），要經過陸軍部校閱後，才能被認可為正規的「鎮」。

在艱困的現實環境以及標準要求激勵之下，一九一一年，清朝共計成立十四個鎮、十六個混成協（另有禁衛軍二協）的新軍部隊，這其中有一南一北的兩支部隊，表現最為突出。

北洋六鎮與湖北新軍

北方最強部隊就是袁世凱訓練的北洋六鎮，該部隊以武衛右軍為基礎，開始擴增。由於負責首都地區的防守，所以清朝投資大批銀彈，讓袁世凱聘請德國教官訓練，並一律裝備德式武器，例如：毛瑟步槍、克虜伯炮。論武裝、經驗、訓練各方面，可謂當之無愧的中國第一強軍！

張之洞。

而南方第一強軍，則是由張之洞訓練的陸軍第八鎮（亦可稱湖北新軍）。

說起張之洞，他與曾國藩、李鴻章、左宗棠，並稱「晚清四大名臣」，官場輩分之高，無人能及！尤其八國聯軍後，其他三位都躺到棺材裡了，就他一人還活著。庚子後

鄒容。

新政時期，袁世凱任直隸總督、北洋大臣；張之洞則是湖廣總督、南洋大臣，負責在湖南、湖北推行新政。

為了籌組湖北新軍，張之洞可謂「多角化」系統經營。人力方面，徵召兩湖子弟；武器方面，特意與漢陽鋼鐵廠合作，另建漢陽軍工廠，為新軍生產制式武器；訓練方面，除聘請外國教官外，張之洞認為：「士兵及底層軍官需具有一定的知識，才能讓軍隊產生強大的精神力量。」因此湖北新軍士兵被教育得幾乎人人都會讀報紙，在八十%的人是文盲的晚清，可謂相當難得。而底層軍官幾乎都會去日本留學軍事，所以湖北新軍跟傳統的清朝丘八們不同，是一支素質精良且擁有自主思考能力的軍隊。

可是，也就是會讀書這點產生了問題！各位知道湖北新軍最流行讀啥報紙嗎？比如鄒容的《革命軍》、陳天華的《猛回頭》、章太炎撰寫的《民報》……全都是革命黨的刊物啊！而許多留學日本的軍官，則跟宋教仁、秋瑾、汪精衛……這些在日本留學界中頗有威名的中國人頗有交情。

新軍軍官怎麼就這樣跟革命分子勾搭上啦？這是因為中國同盟會的總部就在

（上）一九〇三年，袁世凱在華北組建的新式軍隊；（下）訓練中的北洋政府軍，其前身即為「北洋六鎮」。

日本東京，所以革命黨人有計畫地慢慢滲透這些新軍軍官。尤其是宋教仁，這位老兄是湖南人，以前念武昌中學校，跟留日的兩湖子弟既是同鄉關係，又是學長學弟間的關係，由他主持的滲透工作特別成功。所以這些新軍軍官返國後，反而成為清朝軍隊的不定時炸彈；相較之下，袁世凱就聰明多了！他不准底下軍官去日本留學，就是為了防止北洋軍被革命黨勢力滲透。

新軍成爲革命主力

我想大家很清楚，只要還能過得上日子，一般正常人是不會想搞革命的。所以革命黨最初的參與成員，尤其是第一線的戰鬥人員，很多都是會黨（也就是黑社會）。會黨人士雖然兇悍，而且存在反清思想，但是對於「革命」、甚至是「建立合眾政府」的概念沒啥認同感，所以容易在關鍵時刻，就縮手自保、臨時跳票，非常不牢靠。

等到「中國同盟會」成立，知識分子成為了革命主力。曾是清朝翰林的蔡元培、國學大師章炳麟、帥哥文青汪精衛、中過秀才讀過洋學堂的宋教仁、既是武術高手又寫得一手好書法的黃興……這些知識分子喝過洋墨水、接受新觀念，對革命理想那是一清二楚、異常熱血！但論實務能力，那就不行了，像在黃花崗起義，眾多青年志士的烏龍表現，只能用「心有餘而力不足」來評價。

正因會黨及革命同志表現不靠譜，孫文、宋教仁慢慢地把他們的目光轉移到懂得吸收新觀念又具實戰能力的「新軍」身上。在一九一〇年，孫文就試圖拉攏廣東新軍進行起義，宋教仁對此頗有意見：「孫先生，廣東位置偏遠，雖容易發動起義，但卻得不到其他地區的支援，而且無法將起義的消息散播出去。這種『邊區革命』的缺點，在之前的起義已經多次出現，所以最好還是在長江中下游的重要城市發動『中區革命』！雖然發動難度較高，但只要成功，各地革命勢力必然知曉，到時就是一呼百諾，各地區彼此串聯將起義規模擴散全國……」

但孫文仍堅持己見，在廣東結合新軍發起兩次邊區革命。一次是廣東庚戌年新軍起義，下場很慘！還未能發動，清朝就破獲了這起叛亂，把眾多親革命黨的廣東新軍給剿了！另一次是廣東三二九黃花崗起義，下場更慘！雖發動了起義，但清朝仍鎮壓成功，眾多同盟會菁英陣亡，親革命派的廣東新兵遭遇毀滅性打擊，連親上火線的黃興副會長都被打斷兩隻指頭！

在孫文堅持搞「邊區起義」的同時，宋教仁則默默地滲透新軍，並跟眾多兩湖新軍內部的小團體有了聯繫，而眾多革命團體中，有兩個組織對之後的武昌起義產生極大的影響！

文學社與共進會

當時在兩湖新軍中，影響力最廣的組織有兩個。第一個組織是湖南的文學社，會長蔣翊武、副會長劉復基。這組織看名字，好像是個讀書會，事實上，它真的就是個讀書會！不過文學社的成員，大多是新軍士兵，讀的不是軍事教材就是革命書刊，所以別以為文學社成員手無縛雞之力，相反地，這組織的成員戰鬥力可謂「碉堡」級別。而當時文學社已經滲透湖北新軍，在各單位總共有四百多位會員，並積極在暗處活動。

第二個組織是湖北的共進會，主要領導人孫武、劉公。共進會的組織分子，大多是留日的軍校學生，在接受革命思想後，由孫武在湖北成立相關部門、劉公提供資金，招收會黨及新軍成員入會。為了團結同志，劉公還設計了「鐵血十八星旗」作為組織的象徵。說起這「鐵血十八星旗」，是由紅底、黑九角、內外兩圈各九顆共十八顆黃星構成；紅與黑象徵「血」與「鐵」，即革命須抱持鐵血主義，黑九角代表中國古代「九州」，十八星則代表關內漢族的十八行省（不含滿洲的東三省、西藏、蒙古、新疆）。

雖然文學社、共進會都致力於革命，可麻煩的是：這兩個革命團體一個嫌對方是「沒有涵養的湖北丘八」，另一個嫌對方是「只唱高調的湖南憤青」。這省籍情結加上雙方社會背景的不同，使雙方互看對方不順眼！

這時宋教仁的重要性就出現了！為了能跟兩湖新軍內部的革命組織聯繫，宋教仁在上海成立了「同盟會中部總會」，這個組織最大的目的，就是統合不同意見，並試圖參雜同盟會的勢力。（我要強調：文學社及共進會雖配合同盟會行動，但卻是獨立的革命組織，不受同盟會管轄。）

在一九一一年四月至十月的這段時間，宋教仁多次派湖北籍的同盟會員居正、湖南籍的同盟會員譚人鳳，在兩個組織間奔走協調，終於促使文學社跟共進會願意攜手合作，並服從同盟會領導。順帶一提，文學社的蔣翊武之所以服從同盟會，那是出於對同盟會革命經驗及理念的尊重；共進會的孫武之所以服從同盟會，是因為宋教仁答應為他提供資金。看到宋教仁針對不同組織的特性、活用不同的收攏策略，不禁得說他真是一名智謀者！

蔣翊武。

當時宋教仁一再告誡兩大組織：「稍安勿躁，靜待時機。」畢竟一九一一年四月底，清朝才剛鎮壓了黃花崗起義，如果沒有勝算，他可不想輕

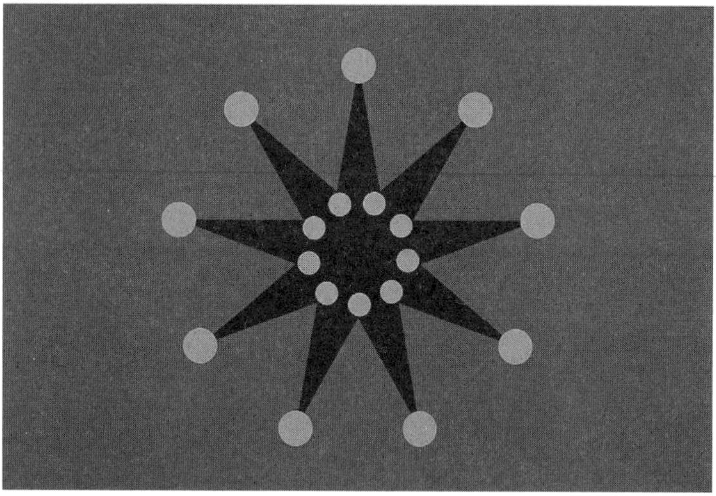

（左上）孫武，（右上）劉復基；（下）鐵血十八星旗。

易地讓苦心經營的關係網被摧毀。誰知到了一九一一年九月，竟有一個意想不到的事件出現……四川暴動！清朝政府命令湖北新軍，立刻入川鎮壓！

保路運動——武昌起義的導火線

庚子後新政，清朝希望加強各地的基礎建設，其中尤以鐵路建設最被重視。不過自鴉片戰爭後，中國喪失了大部分的關稅收入，加上眾多賠款（光《辛丑和約》就要賠白銀四億五千萬兩，折合新台幣六千三百億！），清政府其實沒錢可以修鐵路了，所以想到一個「官督商辦」的方式。

簡單來說，就是和民間商人合資蓋鐵路，政府派官員管理當保證人。這樣做有幾項好處：一來促進地方發展，二來出錢者可分享紅利，三來國家完成了基礎建設。本來這構想挺好的，然後四川同胞也在清朝號召下投資蓋好鐵路。

誰知！四川鐵路才完工，清政府竟表示：「由於我們國家實在太窮，現在鐵路收歸國有！投資人雖暫時無法分享紅利，但是別擔心，哪天政府財政沒那麼吃緊，會把鐵路改成民營，讓你們賺回錢的！」

民眾的反應很激動：「老子花那麼多錢投資，就是要賺錢回本！現在卻說什麼等政府賺錢才能拿回資本？那要等到什麼時候啊？」於是四川老百姓發起名為

「保路運動」的大規模暴動。這個暴動規模大到，即便四川總督出動軍隊還是無法鎮壓下來。清政府決定調動鄰近省分的軍隊入川鎮壓，由於湖北就在四川的東邊，加上部隊戰鬥力強，除了最重要的武漢三鎮有守軍外，其餘湖北新軍就調入四川，導致地區防備異常空虛。

所謂武漢三鎮，是指工業區的漢陽、商業區的漢口、政治區的武昌。尤其是武昌，自三國時期就是軍事重地，著名的「赤壁之戰」就是在這一帶展開。兩廣總督府還有新軍司令部都設置在武昌城內，而武昌城內的新軍早就被文學社、共進會滲透，隨時響應起義。

文學社和共進會於是在九月二十四日召開聯席會議，並決定於十月六日，在湖南、湖北兩省同時發動起義（會選擇這天是因為它是農曆八月十五日，呼應「八月十五殺韃子」的傳統）。而他們的對手，就是湖廣總督瑞澂，以及湖北新軍第八鎮統制張彪。

一波三折的起義前夕

在會議進行的同一天晚上，隸屬南湖炮隊的一群士兵為了歡送同僚退伍，私底下聚在一起開小灶、划酒拳，鬧個不亦樂乎！眼看鬧得太厲害，排長過來提醒：

「注意一下秩序。」結果這些喝醉酒的士兵中，有一個叫孟華臣的共進會成員，當場烙下一句：「爺們愛怎樣就怎樣！別多管！兄弟們，咱們繼續！」

被嗆的長官當場吼道：「混帳東西！給我綁起來！」沒想到孟華臣等人完全喝瘋了，他們當場翻桌，並順手抄起了手邊的槍支、棍棒、酒瓶、雞腿……直接開砸！甚至跑去軍械房拖出兩尊大炮準備要開火！

就在此時，一個巡防馬隊趕到，鎮壓了這起暴動。「全都不准動！馬隊聽令！將鬧事人等一併拿下！」

「什麼？你說有士兵暴動？」

湖廣總督瑞澂聽到這個彙報，當場皺起了眉頭說：「最近一直聽說革匪（革命黨）試圖鼓動新軍造反，今天看來真有此事！傳令下去，全城實施戒嚴，官兵皆不能離營外出，並嚴禁以各種名義聚集。戒嚴時期除值勤士兵可攜帶少量子彈外，所有彈藥一律收繳，集中保管！」

瑞澂。

這起突發事件打亂了革命黨人原本的計畫，於是文學社會長蔣翊武決定：「有鑑於情勢不對，加上共進會通知湖南尚未做足準備，因此起義日期延遲到十月十六日。」

本來九月二十四的喝酒鬥毆事件已經讓清朝

有所警備，但革命黨人出包，還不只這一齣。

十月九日，在漢口俄租界寶善里二十二號，也就是共進會領導人孫武的秘密基地，那時他正在二樓製造炸彈。說起炸彈製作，那可是高級技術！不但要準備許多化學溶液，還要執行多道步驟，更重要的是，每一個步驟皆須要小心，不然一個恍神可能當場沒命！

例如當時正在製作炸藥的孫武，他一不小心、竟然打翻了硝酸，讓液體瞬間潑在正在製作的炸藥混合物中……

轟！半成品的炸藥瞬間被引爆，當場把孫武的臉跟手都給炸傷了！

其他同志看到爆炸發生，一部分的人趕忙搶救孫武，另一部分的人則瞬間意識到：「慘了！這場爆炸絕對會引來巡捕訪查！必須盡快撤出這裡的物資，不然被巡捕搜查到後，他們一定會轉呈給滿清政府，咱們的計畫就露餡了！」

一些同志本想把鎖在箱子裡的物資帶走，可在慌亂中找不到鑰匙。這時共進會領導人劉公，看到情況危急，連忙呼喝：「別管箱子裡的東西了！先把堯卿（孫武）抬走，其他同志立刻撤！」慌亂的眾人連忙從秘密基地竄出，而劉公看到大部分人散去也趕忙離去，誰知他一走到門口，就看到……巡捕已經堵在門前了！

面對可能被活逮的危難關頭，劉公決定……裝蒜！當巡捕詢問問題時，他回答：「ㄟ……我住這的，我也不知道怎麼回事，然後樓上煤油箱就爆燃了！」

巡捕看了劉公一眼，就上樓巡視火災，劉公在心裡暗自鬆了口氣，隨即狂奔離去……

雖然劉公、孫武逃過了追捕，但俄國巡捕還是抓住多位共進會會員，甚至找到革命黨人的名冊，更重要的是……這些人跟文件都被送到湖廣總督瑞澂手裡了！

瑞澂立馬對這些革命黨人大刑伺候，並且召集幕僚商議對策：「現在新軍內部已經不知道有多少革匪勢力？大家說說，應該怎麼解決？」

武昌知府——陳樹屏回答：「我認為此時不宜驚動新軍。當年曹操與袁紹進行官渡之戰，一開始處於劣勢，所以有不少部下暗中跟袁紹聯繫打算投降。結果等到曹操逆轉勝擊敗袁紹後，在袁紹軍營發現自己許多部下暗中通敵的書信。可是曹操沒有秋後算帳，而是當眾把未開封的書信給燒了！這讓背叛者對曹操感到寬心，使整個部隊更加有向心力，大人應該學習曹操當眾燒毀革匪名冊，安定軍心。」

「不對！」瑞澂的幕僚——張梅生卻說：「革匪始終是一大禍患！如今好不容易掌握了名單，應該行霹靂手段快刀斬亂麻！大人應該立即搜捕軍中的叛亂分子，將革匪勢力一網打盡！」

劉公。

好了！我想問各位：「如果你是瑞澂，會聽從陳樹屏？還是張梅生的意見？」

瑞澂面對不同意見，還沒能下判斷，立刻又傳來一個急報：「報告大人！亂黨在用刑後供出他們另一個叛亂基地！」

瑞澂驚恐地說：「那還不趕快叫人抄了它！」

（呵，當作給各位多一些時間，還是好好想想，如果是你，會從嚴還是從寬處理？）

鄧玉麟。

十月九日晚上，武昌小朝街八十五號，文學社總部。

蔣翊武得知孫武等人出了狀況，立刻召集同志開會：「聽說瑞澂已經掌握了革命名冊，要是我們不有所行動，大夥就死定了！」

副會長劉復基立刻說：「我們不如趁韃子們還沒有掌握我們行蹤的現在，立刻起義！」

「贊成！」

負責聯絡文學社與共進會的鄧玉麟說：「我們不如聯繫城外的南湖炮隊（就

是之前喝酒鬧事的孟華臣所屬的單位），於今晚十二點，以炮聲為號，發動起義！我與那單位的人相熟，就由我負責前往聯繫！」在蔣翊武表示同意後，鄧玉麟就冒著大雨，衝出了總部。

餘下眾人接著商議：為配合起義，由在新軍擔任憲兵的會員——彭楚藩、楊宏勝，負責鼓動新軍及運送彈藥。於是楊宏勝也跟著離開總部籌備軍火，留下其他人等待消息。

等待的時刻最是難熬，屋外的下雨聲，更徒惹人心煩。蔣翊武等人在屋內焦急地等待起義的時刻，突然……

叩叩叩！

（上）彭楚藩，（下）楊宏勝。

「誰會挑這時間來？」

屋內的成員懷著疑問，前往應門：「誰啊？」

「我。」

「你誰啊？」

「是我，不認得啦？快開門！」

「你到底是誰啊？」

「你開了門不就知道了？開門。」

這時有成員發現情況不對，連忙大喊：「不好！是韃子來了！快跑！」

砰！在清朝軍警撞開門的那一刻，劉復基衝上前抵擋，試圖為其他同志爭取時間。文學社成員四散逃走之際，蔣翊武衝到牆邊，然後秀了一個漂亮的翻牆動作，以為能夠離開總部，脫離險境時……

「站住！把手舉起來不准動！」

沒料到清軍早已包圍了文學社總部，更有一隊人馬衝到他前面盤問：「說！你是幹什麼的？」

面對氣勢洶洶的清軍，蔣翊武決定……裝傻到底！於是無論清軍問什麼問題，蔣翊武都故意講話含糊不清，還露出一臉呆滯樣。而清軍看著眼前這位老兄，一臉土包子長相、又留著條辮子（革命黨通常都會剪辮），於是認為：「看他這

被逮捕的革命黨人。

副德性，也不會是什麼革命黨，滾一邊去！」就這樣，靠著足以獲得奧斯卡金像獎的好演技，蔣翊武逃過一劫。

福無雙至，禍不單行，當文學社總部被查抄時，鄧玉麟正辛苦地趕往南湖炮隊，但因下雨加上躲避巡捕，等他趕到目的地，都已經過了十二點！士兵們早已入睡無法動員，鄧玉麟和南湖炮隊的文學社幹部商量後，只好決定延遲起義。

蔣翊武、鄧玉麟雖逃過一劫，其他人就沒這麼幸運了！在這次突襲行動中，清軍逮捕了劉復基、彭楚藩，至於運輸軍火的楊宏勝，在搬運過程中竟引發了爆炸暴露行蹤，也被聞訊而至的清軍逮捕。

面對亂黨，湖廣總督瑞澂終於決定採納張梅生從嚴處置的建議，他下令：

「將這些革匪，斬立決！並把他們的頭顱高吊警世，讓所有人知道叛國的下場！另外令新軍官兵，不得出營、不可私下聚集、非值勤期間不得持有武器彈藥！並且立刻按照繳來的名冊，清查潛藏在軍隊中的革命黨！」

正當張梅生因自己從嚴處理的建議被採納、心中暗喜時，瑞澂卻又說：「嗯……算了！為了避免逼急亂黨，允許他們自首好減輕刑責，等武昌情勢稍微安定，再搜捕餘下的革匪吧。」

張梅生鬱悶了：「要抓就趕緊抓！幹嘛還給時間自首？這樣要鬆不鬆、要嚴不嚴的，恐怕誤了大事啊！」無奈自己畢竟只是幕僚，也只能聽從領導的指示照辦。

於是，隨著日出的晨光劃破天際，新軍將士看到劉、彭、楊三人死不瞑目的首級。這一幕使人心寒，但大難臨頭的壓迫感，卻激發出眾人孤注一擲的決心！

時間來到了一九一一年十月十日，距離撼動中國的時刻……還有十三小時！

那一夜的槍響

十月十日的早上，新軍軍營表面看起來風平浪靜，因為瑞澂的命令，他們不但不許出營，甚至連集合都被長官禁止。對部分士兵而言，不能出營雖然無聊，可是不集合就代表不用出操訓練，倒也算輕鬆；可是新軍內部的文學社、共進會成員，心裡可是七上八下的，畢竟瑞澂已經放話過幾天就要按名冊逮人，到時候……他們就死定了！

「熊哥，你說該咋辦？」

工程第八營的軍營中，總有些士兵找他們的「正目」（班長）熊秉坤私下詢問，因為他不只是個班長，還是共進會在該部隊的代表。

「先別找我，免得別人懷疑，到時會告訴你們怎麼辦。」

熊秉坤儘可能地先安撫底下的弟兄，但他心裡其實比其他人更著急。眼見情況越加危急，熊秉坤立刻向其他部隊的革命黨人聯繫：「同志們！不如就在今天發動起義吧！」

盼了好久，總算二十九標的共進會代表蔡濟民傳來了消息：「就由你們工程第八營率先起事，以槍聲為號，各部隊一起響應！」

看到其他人也支持起義的意見，熊秉坤決定：「好！就幹他一票！」他立刻告訴底下的士兵：「我們趁今天下午五點，部隊要聚集出晚操的時候，一起起義！」

蔡濟民。

熊秉坤。

時間一分一秒過去，眼看就要五點出晚操了，工程第八營的士兵們越來越緊張。這時一個消息讓他們徹底癱軟洩氣……「長官有令，取消晚操！」

雖然原先計畫被破壞，讓人有些洩氣，但熊秉坤又暗中宣佈：「沒關係！我們趁今天七點晚點名時再行動！」

因為熊秉坤很了解，現在全武昌的革命黨人士都在等工程第八營的動作，當真是「箭在弦上，不得不發」，而且要是錯過今天，說不定明天他們這些革命黨人就被瑞澂起底，到時就只能束手就擒。

問題是：

瑞澂就是怕革命黨人聚集鬧事，所以嚴禁新軍聚集，這使前邊已經取消晚操，難保等一下不會再取消晚點名啊？到時人員分散就算強行開槍舉事，也一定是亂成一團，最後被各個擊破。

還有個問題：

就算人員能成功聚集，卻沒有武器啊！

當時除了站哨的士兵能被分配到極少量的子彈(可能只有一顆)，其他人連槍都摸不著邊，這樣還是無法舉事啊！

這使熊秉坤不斷苦思：「要怎麼樣打響這起義的第一槍？」

沒人料想到這些難題卻因一場意外而解決！

十月十日晚上七點多，工程第八營的軍營中，金兆龍、程正瀛正抱著步槍睡覺。這時哨長（即今日排長）陶啟勝進來軍營訪查，看到這兩位老兄不但抱槍睡覺，甚至旁邊還擺著一盒子彈，完全沒有遵守「戒嚴時期，未值勤不得持有武器」的命令，他怒喝：「幹什麼？想造反？」並一巴掌往金兆龍臉上扒了下去！

啪！伴隨著清脆的摑掌聲，加上長官的軍階及怒喝，陶啟勝心想：「嘿！還不給老子道歉認錯！」不過他沒想到金兆龍是共進會會員，本來他面臨查緝就已經精神緊繃，一聽到有人指責他想造反，立刻心一橫，破口大罵：「造反就造反！你能怎樣？」

話一說完，金兆龍立刻撲向陶啟勝扭打，被驚醒的程正瀛，看著眼前兩人突然超展開地在地上互毆……完、全、傻、了！

「再不動手，更待何時？」

金兆龍的大喊，讓程正瀛終於回神，他立馬掄起步槍就往陶啟勝砸下去！

「啊！」

眼見雙拳難敵四手，被打傷的陶啟勝試圖爬起逃命，程正瀛於是立刻把槍上膛，然後……嘣！

這一槍打中了陶啟勝，也驚動了工程第八營同屬革命黨的士兵，他們跑出來問：「怎麼回事？」

程正瀛、金兆龍大喊：「他（陶啟勝）要告密！抓住他！」

此時工程第八營的其他長官也聽到槍響，跑進軍營查看，映入他們眼簾的是：一個人往他們狂奔，然後他的手不停揮舞，好像正指揮後面一群人要衝過來。

「天哪！這一定是前面那人領著後面一群人要搞兵變！」其中一位長官就這麼下了判斷，於是掏出手槍就對著正迎向他們逃命的陶啟勝開槍！

嘣！

陶啟勝就此倒地……然後還沒死！（不過隔天還是傷重不治，而他也成為武昌革命中最倒楣的人，既被革命黨打槍，又被清朝的長官打槍，甚至躺著也中槍。）

此時從後邊趕上的程正瀛對著長官舉起了槍。

嘣！嘣！

就將眼前的長官一一擊斃。

而熊秉坤雖然因這突然的槍響以及混亂，感到措手不及，但他了解：「時機到了！」然後吹響了手邊的哨子。

逼～～～～～～～～～～～～～～刺耳的鳴笛聲，吸引了士兵的注意。「所有人立刻集合！聽好！瑞澂已經查抄到我們參與起義的名冊，若我們不有所行動，無非等死而已！現在聽我號令，立刻裝備武器！」

新軍連忙打開庫房取得武裝，然後迅速地再次集結。

「聽口令！」

熊秉坤一邊對空開槍，一邊大吼：「全營向楚望台進發！」

就這樣，一個意外的槍響、一個必然的動亂、一個劇變的時刻，將使十月十日成為現代中國最令人難忘的日子！

武昌起義，正式展開！

戰鼓響起

隨著熊秉坤率領工程第八營起義，武昌城內眾多部隊亦趕往楚望台。這時大家一定會問：「老ㄕ，怎麼這些人都衝向楚望台啊？」

這是因為楚望台是武昌城內最大的軍械庫，由於瑞澂收繳武器的命令，使得

各部隊武器不足，如果要起義，就必須要先攻下楚望台獲得裝備才行。可想而知，這麼重要的軍事據點一定有衛兵把守，而此時的起義部隊，大多槍枝不足，每人只被配置了一顆子彈，甚至某些部隊還沒拿任何傢伙，就赤手空拳地奔向楚望台了。

這樣的部隊能攻下楚望台嗎？答案是……當各部隊趕到楚望台時，鎮守的士兵衝出來：「弟兄們！我們已經把庫房打開了！大批的彈藥正等著你們拿啊！」

這時共進會、文學社的影響力再一次地發揮，原來鎮守楚望台的軍隊，也是這兩個革命組織的成員！他們一看到城中動亂，立馬將軍械庫打開，將裡面為數眾多的漢陽造八八式步槍（湖北新軍的標準配備），甚至精銳的德制、日制武器，統統讓起義部隊搬了個精光徹底武裝！

此時熊秉坤氣勢萬千地一吼：「好！起義成敗在此一舉！我們先制定共同的口號，就是同心協力！」

但是，沒、多、少、人、甩、他！

原來此時的起義人數已有三千多人，兵雖多，高級將領卻一個也沒有。程正瀛只是個小兵，金兆龍是棚正目（只能管十人的班長），熊秉坤也只是棚正目。官階低就算了，軍中知名度也不高，要他們管自家底下的小部隊還行，但在這種大場合，突然冒出一個小咖，說要帶著你衝鋒陷陣並領導大夥作戰？當真是別鬧了！

那到底誰有足夠的官階、足夠的威望、足夠的指揮能力，領導大夥繼續起義？

這時，當初打開楚望台軍械庫、支援起義部隊的新軍分子——馬榮，靈機一動地說：「我有一個好人選，那就是跟我們一起在軍械庫執勤的第八營左隊隊官（相當於今天的連長）吳兆麟！」

吳兆麟，字畏三。這位老兄一被提出，起義的新軍眼睛為之一亮，因為他以前參加過革命組織——日知會，後來因為日知會被清朝取締，吳老兄就淡出革命團體了。而且隊官雖只能管一百五十人，但好歹是個軍官，比起熊秉坤這樣的士官，高出好幾個級別；加上他曾經寫過練兵策略呈給張之洞，讓張大人讚不絕口，在軍中公開表揚，可謂軍中的風雲人物，知名度頗高。由他來擔任革命軍臨時總指揮，再適合也不過了！

就這樣，吳兆麟被眾人半請半強迫地拱上指揮官的位置。

吳老兄首先問大家：「諸位願意遵守我的命令嗎？」

「願意！」

「那好！聽我號令！以後我們就改稱『革命軍』。現在部隊分三路進攻，第一路鄺傑指

吳兆麟。

揮，直攻總督府正面；第二路由馬榮指揮，攻擊總督府後的第八鎮司令部，並包抄總督府後門；第三路由熊秉坤指揮，從另一路攻總督府大門！」

此時是十月十日晚上十點三十分。

「到底有多少人叛變？」

面對城中大亂，湖廣總督瑞澂在總督府內焦頭爛額地想掌握情況，一旁的幕僚卻不敢吭聲，因為沒人知道，到底多少人參與了叛變。

「叫張彪那渾蛋，給我死守要道！務必撐過這晚上！」

瑞澂喝道：「只要撐過這個晚上，我大清的長江水師就會趕來支援，到時定叫亂黨死無葬身之地！」

「只要死守要道！撐過這晚，定能消滅叛軍！」

總督府前，湖北新軍第八鎮最高領導人張彪，他也很清楚敵我雙方的形勢。叛軍雖在夜色的掩護下，無法摸清叛亂人數，並且打了個措手不及……但！仍有五千新軍牢牢掌握在自己手中，並且絕對遵循自己的號令，加上武昌出了這麼大的動靜，長江上的水師絕不會坐壁上觀，等到天明，清楚了叛軍實力，到時水路夾擊定能剿滅亂黨！

當然這一切，要在達成死守總督府的戰略前提下才能實現。想到此處，張彪立刻下令：「各部隊堅守陣地，機槍營上前！一旦叛軍進入視線，立即開火全力壓制！」

「攻擊！」士氣高漲的起義軍，手持漢陽造八八式步槍，奮力開火！

說起漢陽造八八式步槍，可以說是中國最具代表性的武器之一，一八八八年由德國人開發，張之洞在一八九六年取得專利權後，開始批發生產成兩湖新軍的制式裝備。雖然和同樣是手栓式步槍的德國毛瑟Ｇｅｗ９８步槍、英國李・恩菲爾德步槍、美國Ｍ１９０３春田步槍、日本三八式步槍相比，漢陽造八八式步槍有著：手栓較難拉開、容易卡彈的問題，但在清末民初，俗稱「老套筒」的漢陽造步槍足以應付大部分的戰鬥，加上統一規格的生產，在零件更換上非常方便；即使到了八年抗戰，仍有眾多部隊使用老套筒征戰沙場，直到國共雙方開始使用美蘇所提供的半自動步槍（每扣一下扳機就可以自動上膛發射子彈，不像手栓式步槍要自己上膛），老套筒才退出了歷史舞台。

張彪。

而在一九一一年的十月十號，漢陽造八八式步槍正值它的顛峰年代，它發射出了武昌起義的第一槍，並成為湖北新軍們的戰爭兵器。

面對叛軍，張彪之所以有信心可以堅守

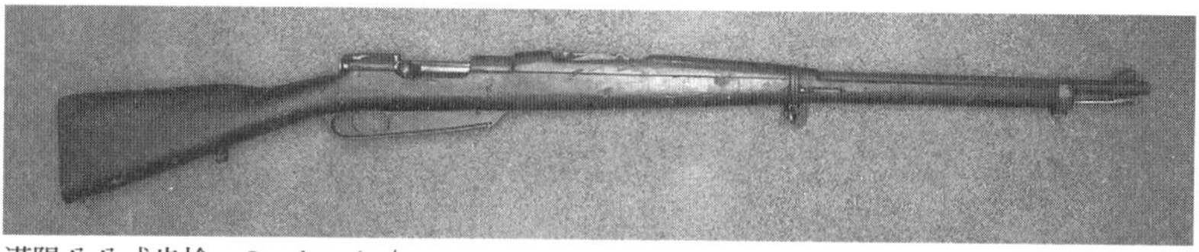

漢陽八八式步槍。© wikipedia/Antique Military Rifles

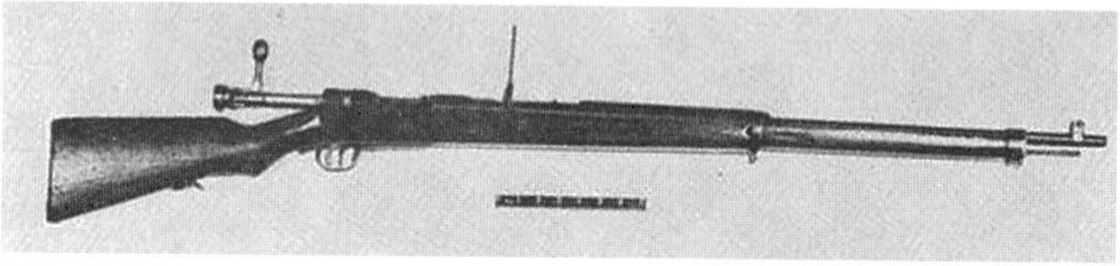

日本三八式步槍。

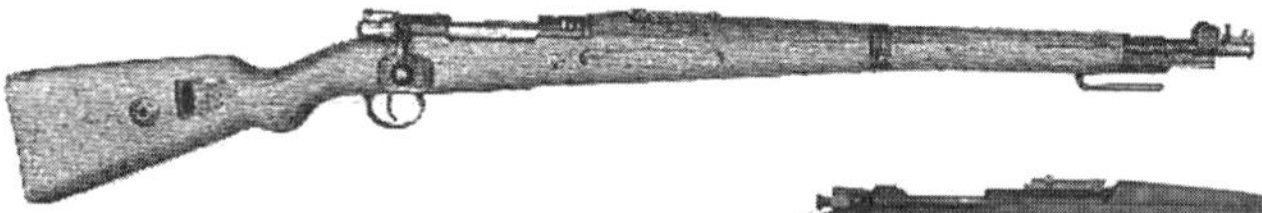

德國毛瑟 Gew98 步槍。

美國 M1903 春田步槍。

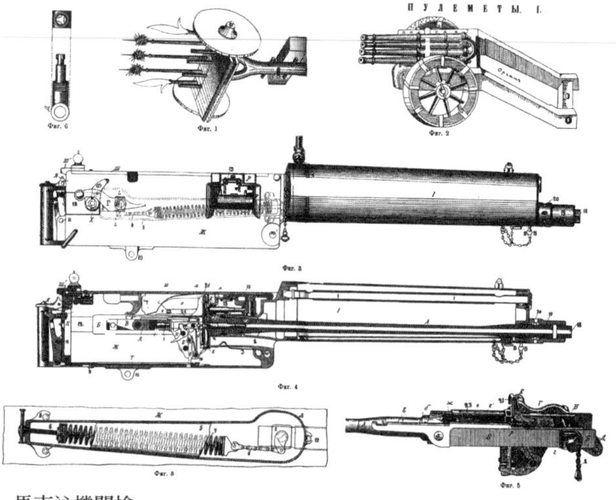

馬克沁機關槍。

防線，是因為他的部隊擁有一項致命的尖端武器——馬克沁機關槍。

馬克沁機關槍（別名：水冷槍），一八八四年開發完成，是全世界第一款只要扣住扳機不放，子彈就暢快連發的全自動武器。

為了實際體驗民初的戰爭兵器，我購買了毛瑟步槍的模型進行過射擊模擬。經過親身操作，手栓式步槍大概一分鐘能發射十發左右（但老套筒手栓設計不良，會影響射擊速度，所以這參考數值請往下修）。

馬克沁的射速有多快？一分鐘六百發！雖然無法過久地連擊，不然會過熱，有時還要灑水降低溫度（所以才被叫水冷槍），但這對只有老套筒的起義軍來說，根本是無法戰勝的噩夢！

眼看起義軍攻勢，因敵方的機槍防線徹底受挫，吳兆麟雖緊張，可也沒法克服這武器上的差距。而張彪開始覺得穩妥，他有把握憑著機槍防線，必能死守到天明！

就在整個戰況陷入膠著時……

轟！一陣巨響，使兩軍都為之一愣。

「一發裝填！目標：總督府！射擊！」

蛇山，武昌城的制高點上，文學社掌控的南湖炮隊，正式加入起義行列！

轟！轟！轟！蛇山上，數門大炮咆哮！

得知炮兵部隊也加入起義行列，吳兆麟精神一振：「這下可好！敵人有槍，但我方有炮！形勢要逆轉了！」

但仔細一瞧：「怎麼炮彈落點這麼差？沒一發打中總督府啊！」

原來當時武昌城一片漆黑，能見度極差，蛇山上的炮兵部隊在摸黑的狀況下，只能憑感覺射擊，結果就是感覺很不對勁，敵人沒半點損傷，倒是打毀不少民宅。

吳兆麟立刻下令：「三路部隊立刻在總督府附近放火，為山上弟兄照亮目標！」

「遵命！」

熊秉坤最先得知這道命令，馬上在總督府附近的民宅縱火（怎麼起義軍好像拆毀大隊，專搞破壞民宅啊？唉～～武昌的居民們，你們就當投資新國家吧！）。火光一起，山上的炮兵眼睛一亮：「看見目標了！炮彈裝填！對準總督府！射擊！」

轟！崩！有了火光果然不一樣，炮彈準確命中總督府，原本還在對起義軍罵罵咧咧的瑞澂，立刻沒了底氣。

「怎麼辦？對方開炮，這總督府是待不下去了……」

「大人！」

這時瑞澂旁邊的幕僚張梅生，立刻建議：「大人千萬不可離開總督府！要是大人一走，我軍士氣必然受挫，加上無人坐鎮武昌將群龍無首，到時武昌必失！大人應該繼續死守，只要等長江水師趕到，就可以從水面上開炮，足以鎮壓亂黨！」

轟！

轟！

轟！

又有數發炮彈命中總督府，這讓瑞澂下定了決心：「總督府守不住了！趕快收拾些細軟，趕快登上江邊的楚豫艦。那兒安全！亂黨的炮打不到江面的！」

在張梅生的嘆息中，瑞澂和他的親兵落荒而逃，而這消息像瘟疫般傳播、侵襲著奮戰的清軍部隊。

「總督逃了？」

「娘的！老子在前線挨子彈都沒吭氣！你老小子在後方倒逃跑！」

「武昌守不住了，趕緊退到城外去吧！」

盡忠職守仍在奮力抵抗的張彪，眼睜睜看

起義軍的炮兵。

一九一一年十月十一日，中華民國軍政府鄂軍都督府在湖北武昌成立。

著自己的部隊戰意全失，甚至有士兵乾脆倒戈加入了叛軍，導致對方衝破了機槍防線，不禁心中怒吼：「瑞澂！你這老小子為何就不敢堅持一下呢！」

眼見無力挽回戰況，張彪下令：「部隊聽令！後隊變前隊，前隊變後隊，突圍！」

就這樣，隨著張彪的離去，新軍司令部也被起義軍攻陷。

「我們勝利了！」

迎著天亮的曙光，許多起義軍對空鳴槍表示他們的興奮；有幾名士兵抱著兩面「鐵血十八星旗」掛在新軍司令部，從此，鐵血十八星旗將成為湖北革命軍的標誌。

起義的眾人相視而笑。一九一一年十月十一日上午六點，在黎明破曉時，武昌起義成功！中國將要巨變了！

後記

一段充滿理想及熱情的時期宣告落幕

自一八九五第一次廣州起義，至一九一一年十月十日的武昌起義，無數志士付出極大的代價投入革命，就是為了達成「建立更有希望的新國家」的志願。

隨著武昌起義的成功，革命志士們總算成就他們的目的，並迎接新中國的發展……才怪哩！

武昌起義的確成功了，但卻並非孫文的同盟會勢力締造，而是由原先名不見經傳的獨立革命組織——文學社、共進會達成的戰果。有聽過一句「可共患難，不可同富貴」嗎？為何教科書沒告訴社會大眾「是誰發動武昌起義？」然後本非鐵板一塊的起義新軍和革命黨要如何繼續共處？

而且武昌起義真的成功了嗎？別忘了當一九一二年，革命黨人在南京宣佈成立中華民國時，清朝依舊存在！究竟還有沒有其他令大清完全垮台的關鍵？

就算大清垮台了，民國成立了，為何孫文還會在死前感慨地喊出那句：「革命尚未成功，同志仍須努力！」

歷史真正需要的能力，不只是背誦、不只是整理，最重要的是去思考甚至去質疑所接受到的資料。老ㄕ不斷列出課本沒提及的資料，就是想刺激有機會看到的讀者，不斷去思考：「為何我們不知道這段歷史？這段歷史究竟真相為何？」甚至還會去想：「這個老ㄕ說的會是真的嗎？」（別忘了，我提過要去思考、質疑接收到的資料。）

如果對事情產生了疑問，就會想去證實；為了證實，必須開始蒐集相關資訊，培養解決能力；有了資訊，又需去篩選所要的部分，並且要努力形成自己的思考體系去建立一個起碼自己願意相信的解答。在這過程中，人得以擺脫他人有意無意的操縱，開始建構屬於自己的「道理」。

這種「提出問題」、「解決問題」、「自我思考辨析」的能力，是我認為「歷史科」可以讓所有接觸過它的大眾，真正可以應用甚至引起共鳴的價值。（老ㄕ有時還在研究時，徹底體會到自己的不足，卻又發現相比研究起初已經有無形間的成長或收穫，那種感覺真的是會讓人上癮，想要持續探索歷史學中的奧秘。）

這也是本書的目的，期待給予讀者更多的刺激及疑問，然後有機會探索出「屬於自己的歷史」。

那前面提出的諸多問題，究竟解答為何呢？

呵，可以的話，我希望大家能找出屬於自己的解答。

但既然身為一個老ㄕ，我也會不吝嗇地繼續給出更多刺激。我會這麼說：

「隨著本書的結束，我認為：一段充滿理想及熱情的時期宣告落幕，而另一段充滿現實、算計、晦暗難辨的時期就要緊接著登場。至於詳細內容……呵，那就不是這本書的敘述範圍了。」

參考資料

以下列舉部分參考資料，事實上，中國近現代史的研究多到看不完，本人僅列出對我影響最大的主要參考資料，提供給有興趣繼續探索的讀者們。

【書籍資料】

《晚清七十年(5)：袁世凱，孫文與辛亥革命》，作者：唐德剛。遠流出版社。
《革命逸史》，作者：馮自由。金城出版社。
《袁氏當國》，作者：唐德剛。遠流出版社。
《中國近代史》，作者：徐中約。香港中文大學。
《誰謀殺了宋教仁》，作者：張耀杰。團結出版社。
《清季的革命團體》，作者：張玉法。北京大學出版社。
《真實的汪精衛》，作者：林思雲。出版社不明。
《莫紀彭先生訪問記錄》，作者：莫紀彭，校閱：郭廷以，訪問：王聿均，記錄：謝文孫。台北中央研究院近代史研究所。
《第73烈士》，作者：李敖。李敖出版社。

《陳炯明傳》，作者：康白石。香港文藝書屋。
《陳潔如回憶錄：蔣介石陳潔如的婚姻故事》，作者：陳潔如。傳記文學。
《鐵血華年：辛亥革命那一槍》，作者：赫連勃勃大王（梅毅）。達觀出版社。

【影像資料】

《鳳凰大視野：首義》，鳳凰衛視製作。

國家圖書館出版品預行編目資料

國父「們」：被遺忘的中國近代史 / 金哲毅作 . --
初版. -- 臺北市：平安文化, 2015.11　面；　公分.
--（平安叢書；第 500 種）(知史；05)

ISBN 978-957-803-991-9（平裝）

1. 傳記 2. 中華民國史 3. 中國

782.29　　104020879

平安叢書第 0500 種

知史 [5]

國父「們」

被遺忘的中國近代史

作　　者—金哲毅
發 行 人—平雲
出版發行—平安文化有限公司
台北市敦化北路 120 巷 50 號
電話◎ 02-27168888
郵撥帳號◎ 18420815 號
皇冠出版社（香港）有限公司
香港上環文咸東街 50 號寶恒商業中心
23 樓 2301-3 室
電話◎ 2529-1778　傳真◎ 2527-0904
總 編 輯—龔橞甄
責任編輯—蔡維鋼
美術設計—王瓊瑤
著作完成日期— 2015 年 07 月
初版一刷日期— 2015 年 11 月
初版六刷日期— 2020 年 11 月
法律顧問—王惠光律師

讀者服務傳真專線◎ 02-27150507
電腦編號◎ 551005
ISBN ◎ 978-957-803-991-9
Printed in Taiwan
本書定價◎新台幣 280 元 / 港幣 93 元